www.ingramcontent.com/pod-product-compliance
Lightning Source LLC
LaVergne TN
LVHW010556070526
838199LV00063BA/4986
* 9 7 8 9 3 5 8 7 2 4 8 2 0 *

شاہد احمد دہلوی

(سوانحی تذکرہ)

مصنفہ:

پروین الٰہی

© Taemeer Publications LLC

Shahid Ahmad Dehlvi

by: Parveen Ilahi

Edition: January '2023
Publisher & Printer:
Taemeer Publications LLC (Michigan, USA / Hyderabad, India)

ISBN 978-93-5872-482-0

9 789358 724820

مصنف یاناشر کی پیشگی اجازت کے بغیر اس کتاب کا کوئی بھی حصہ کسی بھی شکل میں بشمول ویب سائٹ پر اَپ لوڈنگ کے لیے استعمال نہ کیا جائے۔ نیز اس کتاب پر کسی بھی قسم کے تنازع کو نمٹانے کا اختیار صرف حیدرآباد (تلنگانہ) کی عدلیہ کو ہو گا۔

© تعمیر پبلی کیشنز

کتاب	:	**شاہد احمد دہلوی**
مصنفہ	:	**پروین الٰہی**
صنف	:	سوانح
ناشر	:	تعمیر پبلی کیشنز (حیدرآباد، انڈیا)
سالِ اشاعت	:	۲۰۲۳ء
تعداد	:	(پرنٹ آن ڈیمانڈ)
صفحات	:	۹۶
سرورق ڈیزائن	:	تعمیر ویب ڈیزائن

فہرست

اپنی بات	۷
شاہد احمد دہلوی کے آبا و اجداد	۱۱
شاہد احمد دہلوی پیدائش اور بچپن	۲۴
شاہد احمد دہلوی اور رسالہ ساقی	۴۹
شاہد احمد اور موسیقی	۵۷
شاہد احمد کا دورۂ ہندوستان	۷۰
معرکۂ جوشؔ و شاہد	۷۳
خاکہ نگاری، اسلوب نگارش اور ادب میں مقام	۸۶
شاہد احمد کا انتقال	۹۱
شاہد احمد کی تصنیفات اور تراجم	۹۵
کتابیات	۹۶

"مرحوم" والدین کے نام
نہ زبان کو نہ قلم کو ہے بیاں کا یارا

اپنی باتُ

شاہد احمد کی ادبی خدمات کا جائزہ لینا اوران کی قدروقیمت متعین کرنا ایک نازک کام ہے ۔ یہ کام اس وقت اور بھی دقت طلب ہو جاتا ہے جب ان کی شخصیت کے مختلف پہلو ابھر کر سامنے آتے ہوں ۔اس بات سے قطعِ نظر مختلف ادبی تحریکوں اور ذہنی تبدیلیوں کے دَور میں ان کی حیثیت ایک ادارہ کے مانند تھی ۔ان کی ادارت میں نکلنے والا ماہنامہ ''ساقی'' علمی وادبی اعتبار سے ہمیشہ اہلِ علم کی توجہ کا مرکز بنا رہا ۔ اردو صحافت کے شعبے میں بھی انھوں نے نیاز فتح پوری کی طرح ایک معیار قائم کیا۔علاوہ بریں ان کے خاکے، ترجمے رپورتاژ اور لاتعداد مضامین اردو زبان وادب کا بیش قیمت سرمایہ ہیں۔

میں نے اس مقالہ میں شاہد صاحب کی گوناگوں شخصیت کا احاطہ کرنے کی حتی المقدور کوشش کی ہے۔ مَیں نے اپنے محدود وسائل کی بنیاد پر شاہد صاحب کی ادبی، علمی، صحافتی اور ثقافتی زندگی کا ایک حد تک تفصیلی جائزہ لیا ہے تاہم بہت سی باتیں رہ گئیں جو تحریر میں نہیں آسکیں اور کوئی یقینی شہادت نہ ہونے پر انھیں الگ کرنا پڑا۔

شاہد صاحب پر لکھا تو بہت کچھ گیا ہے لیکن ان پر کوئی باقاعدہ کام نہیں ہوا ہے۔جب میں نے ان پر کام کرنا شروع کیا تو بہت سی مشکلات اور دشواریوں کا سامنا کرنا پڑا۔اول یہ کہ مجھے اپنے محدود وسائل میں رہ کر ہی کام کرنا تھا دوسرے

یہ کہ اپنی بعض مجبوریوں کی وجہ سے میں دلّی سے باہر قدم نہیں نکال سکتی تھی چنانچہ مواد کے فراہمی کے سلسلے میں مجھے دلّی اور دلّی والوں پر زیادہ بھروسہ کرنا پڑا۔

دورانِ تحقیق مجھے اس بات کا بے حد افسوس ہوا کہ دلّی کے کسی کتب خانہ میں "ساقی" کی مکمل فائلیں موجود نہیں صرف مسجد فتحپوری کی لائبریری میں اسکی چند فائلیں محفوظ ہیں یہی حال شاہد صاحب کی تصانیف کا ہے ہر چند تلاش و جستجو کے باوجود ان کی بہت سی کتابیں دستیاب نہ ہوسکیں۔ الغرض مجھے اُن حضرات کی ذاتی ملاقات پر زیادہ توجہ دینی پڑی جنھوں نے یا تو شاہد صاحب کے ساتھ کام کیا تھا یا ان کے اُن سے ادبی تعلقات رہ چکے تھے۔

شاہد صاحب اور ان کے خاندان والوں کے حالات مرتب کرنے کے سلسلہ میں جن افراد سے خصوصی تعاون حاصل ہوا ان میں منشی آزاد مرزا، جناب مسلم احمد، اقبال خاں (نبیرۂ استاد چاند خاں) اور ڈاکٹر خلیق انجم قابلِ ذکر ہیں۔

مسلم احمد صاحب نے اپنے بھائی شاہد احمد اور اپنے والد مولوی بشیر الدین احمد کے سوانحی حالات سے متعلق اہم معلومات فراہم کیں نسخۂ دیوان بشیرؔ اور مثنوی "دردِ دل"، مجھے انھیں کی عنایت سے ملے جو تقریباً نایاب ہو چکے ہیں۔

جناب اقبال خاں نے استاد چاند خاں کی ذاتی ڈائری اور شاہد صاحب کے وہ خطوط فراہم کئے جو انھوں نے اپنے استادِ موسیقی چاند خاں کو لکھے تھے۔ چاند خاں کی ذاتی ڈائری شاہد صاحب کی موسیقی دانی سے متعلق اہم دستاویز ہے۔

ڈاکٹر خلیق انجم نے انجمن ترقی اردو ہند کی لائبریری کے خطوط کے سیکشن میں شاہد صاحب کے متعدد خطوط جمع کئے ہیں جو تاریخی اور ادبی اعتبار سے بہت اہم ہیں۔ انھوں نے ان خطوط کو دستیاب کرانے نیز دیگر اہم معلومات فراہم کرانے میں غیر معمولی تعاون کیا۔ میں ان کی بے حد ممنون و متشکر ہوں۔

استاد محترم ڈاکٹر تنویر احمد علوی جنھوں نے اس مقالہ کی درستی فرمائی، ڈاکٹر ظہیر احمد صدیقی (صدر شعبۂ اردو دہلی یونیورسٹی)، ڈاکٹر عبدالحق نیز خواجہ حسن ثانی کے

علاوہ ان تمام ادیبوں اور کرم فرماؤں کی بھی احسان مند ہوں جنھوں نے مواد کی فراہمی یا متعلقہ معلومات میں میری رہنمائی کی۔

آخر کلام میں بس اتنا ہی کہوں گی کہ پیش نظر مقالہ میں جو بھی خوبیاں ہیں وہ میرے کرم فرماؤں کا حصّہ ہیں اور جو کمی یا سہو ہے وہ میری ذاتی ہے۔

پروین الٰہی

شاہد احمد دہلوی کے آباو اجداد

ڈپٹی نذیر احمد:

شاہد احمد صاحب ڈپٹی نذیر احمد کے پوتے اور مولوی بشیر الدّین احمد کے بیٹے تھے۔ نذیر احمد کی تاریخ پیدائش کے سلسلہ میں بہت سے اختلافات اُبھر کر سامنے آئے ہیں۔ ڈاکٹر اشفاق احمد اعظمی نے مختلف شواہد کی روشنی میں اُن کی پیدائش کا تعین ۱۸۳۱ء کیا ہے۔[1]

ڈپٹی نذیر احمد قدیم دلّی کالج کے ممتاز طالب علموں میں تھے اور علمی و ادبی اعتبار سے سرسید کے ساتھیوں میں ان کا رُتبہ بلند تھا۔ وہ اپنے لیکچرز، مضامین اور بالخصوص ناولوں کی وجہ سے ہماری ادبی تاریخ میں بلند مقام رکھتے ہیں۔ بیشتر اہلِ تنقید نے انھیں اردو کا پہلا ناول نگار تسلیم کیا ہے۔ ان کے ناول اپنے عہد کی معاشرت اور اس کے مختلف وسائل کی تصویر کشی کی رُو سے ادبی مرقع کی حیثیت رکھتے ہیں۔

نذیر احمد نے ایک بہت معمولی حیثیت سے ترقی پائی تھی لیکن محنت اور لگن کی بدولت بالآخر وہ ہمارے ایسے ادیبوں اور عالموں کے صف میں آگئے تھے

---

[1] نذیر احمد شخصیت اور کارنامے ص ۱۱

جنھیں بہت متمول قرار دیا جاسکتا ہے۔ ان کا انتقال ۳۔۴/ مئی کی درمیانی شب میں ۱۹۱۲ء میں ہوا[1]۔

مولوی بشیر الدّین احمدؒ کے حالات:۔

ڈپٹی نذیر احمد کے یہاں اولادیں تو کئی ہوئیں لیکن ان میں سے صرف تین ہی زندہ رہ سکیں۔ اس خاندان کا چراغ روشن کرنے والوں میں دو بیٹیوں کے علاوہ ایک بیٹا بھی تھا جو بشیر الدّین احمد کے نام سے مشہور ہوا۔ بشیر الدین کو ادبی ماحول اور ادبی میراث مقدر سے ملی تھی۔ خود بھی انھیں لکھنے پڑھنے کا بہت شوق تھا جس کے نتیجہ میں آگے چل کر انھیں اردو تاریخ وادب میں نمایاں مقام حاصل ہوا۔

بشیر الدّین نے ادبی اور اخلاقی کتب کے علاوہ دو ضخیم جلدوں میں تاریخ بیجا نگر اور واقعات دار الحکومت تین موٹی جلدوں میں مرتب کیں۔ ان تصانیف کا شمار دو بڑے علمی کارناموں میں ہوتا ہے۔ انھیں عموماً سبھی ایک مورّخ کی حیثیت سے جانتے اور پہچانتے ہیں مگر ان کے دیگر ادبی کارناموں کو دیکھنے سے اندازہ ہوتا ہے کہ وہ نہ صرف ایک اعلیٰ مورّخ تھے بلکہ اپنے زمانہ کے بلند پایہ ادیب اور شاعر بھی تھے۔ ادب میں ان کا درجہ متعین کرنے اور ان کے ادبی کارناموں کا جائزہ لینے کے لئے علیحدہ تحقیق کی ضرورت ہے۔ میری دانست میں ابھی تک ان پر باقاعدہ کوئی تحقیقی کام نہیں ہوا ہے۔ یہاں ہم مختصراً ان کا سوانحی تعارف پیش کر رہے ہیں۔

پیدائش: بشیر الدّین احمد ۱۴/ اگست ۱۸۶۱ء میں بمقام دلّی

---

[1] نذیر احمد شخصیت اور کارنامے ص ۳۲

پیدا ہوئے [1] بچپن میں انھوں نے انگریزی، اردو، عربی اور فارسی زبان اپنے والد سے سیکھی [2] کسی اسکول میں ان کو ابتدائی تعلیم اس لئے نہیں دلائی گئی کہ گھر کی سی نگرانی نہیں ہو سکے گی چنانچہ دینی تعلیم کے ساتھ انگریزی تعلیم کا درس ڈپٹی نذیر احمد خود ہی دیا کرتے تھے۔ نذیر احمد ملازمت کے سلسلے میں جب دلّی سے باہر رہنے لگے تو انھیں دلّی کے اینگلو عربک اسکول میں داخل کرا دیا گیا۔ یہاں انھوں نے انگریزی اور عربی ادب تو بڑی دلچسپی سے پڑھا مگر ریاضی میں بہت کمزور تھے جس کی وجہ سے انھیں مدرسہ کی تعلیم چھوڑنی پڑی۔ یہاں سے وہ حیدر آباد دکن چلے گئے جہاں ان کے والد تعلقہ داری (کلکٹری) کے عہدہ پر فائز تھے [3]

میٹرک کا امتحان پاس کر لینے کے بعد انھیں حیدر آباد ہی میں ملازمت مل گئی۔ سترہ اٹھارہ سال کی عمر میں انھوں نے ڈیڑھ سو روپے ماہانہ تنخواہ سے اپنی ملازمت کا سلسلہ شروع کیا جو ترقی کرتے کرتے بارہ سو روپے تک پہنچ گئی۔

سرکاری ملازمت ملتے ہی بشیر الدین کی شادی امتہ المغنی سے کر دی گئی۔ تقریباً بیس سال تک ان کی اس بیوی سے کوئی اولاد نہ ہوئی تو گھر والوں نے عقد ثانی کرنے پر مجبور کیا۔ شاہد احمد صاحب لکھتے ہیں :-

"وہ (نذیر احمد) خود بھی میاں بشیر کی بے اولادی سے افسردہ تھے۔ طبیبوں سے رجوع کرنے کے بعد یہ معلوم ہوا کہ انہیں اُس بہو سے اولاد نہیں ہوگی چنانچہ میاں بشیر کو دوسری شادی کر لینے پر مجبور کیا گیا۔ انھیں (بشیر الدین) اپنی بیوی سے اس قدر محبت تھی کہ

1۔ بشیر الدین احمد کی ذاتی ڈائری "مملوکہ" مسلم احمد بن بشیر الدین احمد۔ شاہد احمد نے ان کی تاریخ پیدائش ۱۸۵۷ء کے دو تین سال بعد بتائی ہے۔

2۔ چند ادبی شخصیتیں۔ شاہد احمد ص ۸۴

3۔ "ساقی" دلّی۔ اپریل ۱۹۳۰ء، ص ۳۴ مضمون اشرف صبوحی

وہ نکاحِ ثانی کے لئے راضی نہ تھے .... ڈپٹی نذیر احمد نے اپنے بیٹے کو سمجھایا اور شرعی مسائل سے قائل کیا .... اور دلی کے غریب سیّدوں کے خاندان کی دبی دبائی لڑکی مل گئی۔[1]

عقدِ ثانی :

بشیرالدین احمد کی دوسری شادی اشتیاق احمد چشتی کی بہن اور اشرف صبوحی کی حقیقی خالہ سید زمانی سے ہوئی۔ اپنے خاندان میں امتہ المغنی بڑی بہو کہہ کر پکاری جاتی تھیں جو بشیر احمد کے ہمراہ ان کی ملازمت پر حیدر آباد رہتی تھیں اور سید زمانی دلی میں نذیر احمد کے پاس رہا کرتی تھیں۔ اس شادی کو بھی دس سال کا عرصہ گذر گیا مگر اولاد سے محرومی رہی۔

تقریباً تیس سال کی ازدواجی زندگی کے بعد سید زمانی کے یہاں اولاد ہونے کے آثار ظاہر ہوئے تو خاندان میں خوشی کی لہر دوڑ گئی۔ شاہد احمد کے مطابق:

> "پھر اللہ نے چاند سا بیٹا دیا۔ اندھیرے گھر میں اس چراغ سے روشنی پھیلی اور بڑی دھوم دھام سے اس کی خوشی منائی گئی ..... میاں بشیر کی بے رُخی بھی ختم ہو گئی اور چھوٹی دلہن سے التفات بھی برتنے لگے"[2]

منذر احمد نامی اس بچہ کی ولادت کی خوشخبری پا کر بشیرالدین دلی آئے اور پھر سید زمانی کو حیدر آباد اپنے ہمراہ لیتے گئے۔ امتہ المغنی کو اپنے سوکن کے ساتھ رہنا گوارہ نہ ہوا تو ناراض ہو کر میکہ چلی گئیں[3] سال ڈیڑھ سال کی مدت کے بعد دکن میں انھیں ایک اور بیٹا ہوا جس کا نام مبشر احمد رکھا گیا۔ تیسری ولادت کے

---

[1] نقوش آپ بیتی نمبر ۱۹۶۴ء جلد دوم ص ۱۱۱۴/۱۵
[2] ایضاً . . . . ص ۱۱۱۵
[3] ایضاً . . . . "

موقع پر سید زمانی دلّی آگئیں۔ یہاں ۲۲ مئی ۱۹۰۶ء کو شاہد احمد پیدا ہوئے جنھیں گھر والے پیار میں شدّو کہہ کر پکارنے لگے[1]
شاہد احمد کی پیدائش کے بعد سید زمانی کے بطن سے ایک اور لڑکی پیدا ہوئی جس کا نام بشریٰ رکھا گیا۔ اس کے بعد منیر احمد اور سراج الدین نام کے دو بچے ہوئے اور آخر میں ایک بیٹی صفیہ پیدا ہوئی۔ شاہد احمد کی پیدائش سے قبل ان کی نانی کا انتقال ہو چکا تھا اور خسر کی دیکھ بھال کے لئے سید زمانی دلّی میں ہی رہنے لگی تھیں[2] مگر صفیہ کی پیدائش کے وقت ان کا قیام حیدر آباد میں تھا۔ ۲۸ اپریل ۱۹۱۲ء کو جب نذیر احمد پر فالج کا حملہ ہوا[3] تو اس بیماری کی خبر پاکر بشیر الدین اپنی بیوی کو زچگی کی حالت میں چھوڑ کر دلی کے لئے روانہ ہو گئے۔
ابھی نصف سفر ہی تمام ہوا تھا کہ راستے میں انھیں ایک تار کے ذریعہ سیّد زمانی کے انتقال کی خبر دی گئی چنانچہ دلی جانے کا ارادہ ملتوی کر کے وہ حیدر آباد واپس ہوئے۔ گاڑی سے اتر کر سیدھے قبرستان کی راہ لی۔ ان کے انتظار میں جنازہ ایک مسجد کے صحن میں رکھا ہوا تھا جس کی بعد میں تدفین ہوئی۔ سید زمانی کے انتقال کی حتمی تاریخ تو دریافت نہ ہو سکی لیکن قیاس ہے کہ یہ حادثہ یکم مئی ۱۹۱۲ء یا اس کے آس پاس ہوا ہوگا۔
اس حادثہ کے بعد بشیر الدین پر کیا گذری شاہد صاحب کی زبان سے سنیے؛

> "ابا ہمارے بڑے صبر و ضبط کے آدمی تھے۔ آنسو پیتے رہے اور امّاں کو سپردِ خاک کرنے کے بعد آنسوؤں کا سیلاب ضبط کے بند کو بہا لے گیا اور وہ ہم بچوں کو گلے لگا کر روتے رہے۔ اس سے ان کے

---

[1] نقوش آپ بیتی نمبر ص ۱۱۱۵
[2] ایضاً ، ، ص ۱۱۱۶
[3] نذیر احمد حیات اور شخصیت ص ۳۲

دل کی بھڑاس نکل گئی مگر ساری عمر جب بھی انھیں امار، کا خیال آجاتا تھا تو رونے لگتے تھے۔[1]

بشیرالدین اگرچہ معقول تنخواہ پاتے تھے مگر سید زمانی کے انتقال کے بعد سرکار نے ان کے بڑے لڑکے منذر احمد کو سو روپئے ماہانہ اور دیگر لڑکوں کو پچاس پچاس روپے اکیس سال کی عمر ہو جانے تک جاری کئے۔ لڑکیوں کے لئے پچیس پچیس روپے شادی ہونے تک بطورِ وظیفہ جاری کئے۔ سید زمانی کے انتقال کے پانچ سال بعد تک بشیرالدین کا قیام حیدرآباد میں ہی رہا۔

بشیرالدین کو اگر راستہ میں اپنی بیوی کے انتقال کی خبر نہ ملتی تو شاید انھیں اپنے باپ کا آخری دیدار نصیب ہو جاتا مگر حیدرآباد لوٹ جانے سے نذیر احمد کے جنازہ میں ان کی شرکت نہ ہو سکی۔ ان کی زندگی کے یہ دو بڑے حادثے وہ تھے جن کی وجہ سے ان کا دل ملازمت سے ہٹ گیا۔ پہلے ان کا تبادلہ حیدرآباد سے رائچور ہوا اور پھر رائچور سے دیگر مقامات پر تھوڑے عرصہ کے لئے ہوتا رہا۔ نوبت یہاں تک پہنچی کہ قبل از وقت نوکری سے سبکدوشی اختیار کر لینے کے بعد چھ سو روپئے ماہانہ پینشن لے کر دلّی میں مستقل سکونت اختیار کر لی۔ سرکاری ملازمت سے استعفٰی دینے کا ایک سبب شاہد احمد نے ملکی اور غیر ملکی سازشوں سے تنفر بھی بتایا ہے۔ وہ لکھتے ہیں:-

"صوبہ داری انھیں ملنے ہی والی تھی کہ ملکی اور غیر ملکی سازشوں سے متنفر ہو کر قبل از وقت پینشن لے کر دلّی چلے آئے۔"[2]

برقی کا انتقال:

سید زمانی کی پالی ہوئی ایک لڑکی تھی جس کا نام برقی تھا۔ بڑی ہونے پر

---

[1] چند ادبی شخصیتیں۔ ص ۲۶۲

[2] ایضاً ، ص ۸۶

بشیرالدین نے اس کی شادی اپنے ہی ایک خادم سے کر دی تھی۔ان دونوں نے سید زمانی کے انتقال کے بعد ان کے چھوٹے بچوں کی پرورش اسطرح کی کہ بچے ماں کا غم بھول گئے مگر بارہ یوم کی صفیہ نام کی بچی کی شیر خواری کے لئے ایک انا تلاش کی گئی لیے کچھ عرصہ بعد برقی بھی دنیا سے چلی گئی۔اس کی خدمتوں سے بشیرالدین اس قدر متاثر تھے کہ اس کی موت پر انھوں نے ۱۶۹ اشعار پر مشتمل ایک مرثیہ بعنوان "برقی کی موت" لکھا جو ان کے دیوان میں شامل ہے[2]

برقی کے موت کے بعد بشیر احمد کے بچوں کی پرورش اور ان کی دیکھ بھال کے لئے کسی معقول عورت کی ضرورت تھی۔اس کمی کو انھوں نے بہرحال محسوس کیا اور اپنی تیسری شادی ۱۹۱۲ء کے آس پاس ممتاز جہاں بیگم سے کی جن کے بطن سے علی الترتیب امتیاز احمد، صدر جہاں بیگم، عاصمہ جہاں بیگم، مسلم احمد اور اصغر احمد (متوفہ نو عمر) پیدا ہوئے۔

یہ وہی ممتاز جہاں بیگم ہیں جن کے نام کا ایک کتبہ ڈپٹی نذیر احمد کے زنانہ مکان کے صدر دروازہ پر آج بھی لگا ہوا ہے۔اس مکان میں آج کل مسلم احمد کی رہائش ہے لیکن ان کے دیگر بھائی بہن پاکستانی شہریت اختیار کئے ہوئے ہیں۔مسلم احمد کے مطابق ان کی والدہ ممتاز جہاں بیگم کا انتقال ۱۹۶۸ء کو ہوا۔یہ خاتون بشیرالدین کی پھوپھی زاد بہن کی لڑکی تھیں جن کے نام کا ایک اور مکان ڈپٹی نذیر احمد کے وطن کرتپور ضلع بجنور میں تاحال موجود ہے اور لوگ اُسے "ممتاز محل" کے نام سے پکارتے ہیں۔

سید زمانی کے انتقال بعد بشیرالدین نے ایک مثنوی "دردِ دل" کے عنوان سے لکھی۔۔ درد و اثر میں ڈوبی ہوئی اس مثنوی کی زبان اور بیان سے اندازہ

---

[1] نقوش آپ بیتی نمبر ص ۱۱۱۷

[2] دیوان بشیر ص ۱۶۹ تا ص ۱۹۲

ہوتا ہے کہ بشیر الدین کو جذبات نگاری سے خاصی دلچسپی تھی۔ مثنوی کے آخری صفحات پر حکیم لطیف احمد کی قطعہ تاریخ بھی درج ہے جس سے مثنوی کا سالِ اشاعت دریافت ہوتا ہے۔ قطع تاریخ یہ ہے:

بے سر جہدا اے لطیف احمد ابھی — کہدے تو برجستہ "دردِ دل خراش"

۲ — (۱۳۴۳-۳) = ۱۳۴۰ھ — ۱۳۴۳

مثنوی "دردِ دل" کے اشعار سے ان حقائق کی توضیح اور تصدیق ہوتی ہے جو ان کی سوانح کے سلسلے میں بیان کئے گئے ہیں۔ برقی کے متعلق اشعار کے علاوہ دیوانِ بشیر میں سہرے اور رخصتیاں بھی شامل ہیں جو ان کی معاشرتی نظمیں ہیں۔ ان نظموں کو مختلف اشخاص کے نام سے پیش کیا گیا ہے۔ دیوانِ بشیر جو دستیاب ہو سکا اس پر تاریخ طباعت درج نہیں ہے۔

بشیر الدّین احمد کا کردار اور طرزِ زندگی:

بشیر الدین دنیا داری کے معاملات سے گہری وابستگی کے باوصف مذہبی خیال کے آدمی بھی تھے۔ پنجگانہ نماز پابندی سے پڑھتے تھے اور کلام پاک کی تلاوت بڑی خوش الحانی سے کیا کرتے تھے[1]۔ وہ حج بیت اللہ سے مشرف ہونے کا ارادہ بھی رکھتے تھے مگر عمر نے وفا نہ کی۔ زکوٰۃ نکالنا، غریبوں اور مسکینوں کی مدد کرنا نیز کارِ خیر میں حصّہ لینا ان کا مذہبی شعار تھا۔ شاہد صاحب نے ان کی سیرت ان الفاظ میں بیان کی ہے:

"دادا ابا خاصے کٹر مولوی تھے۔ وہ دین کے آگے دُنیا کی پروانہیں کرتے تھے۔ ابا (بشیر الدین) دین اور دُنیا دونوں رکھتے تھے۔ تھیٹر اور سنیما دیکھتے اور ہمیں بھی دکھاتے تھے۔ ہماری شادیوں میں

---

[1] چند ادبی شخصیتیں۔ ص ۹۱

برات کے ساتھ بینڈ باجا تو نہیں بجا لیکن دو دو تین تین دن تک مشہور طوائفوں کے ناچ گانے اور بھانڈوں کے مجرے اور نقالوں کی نقلیں ہوتی تھیں۔ یہ محفلیں مخصوص ہوتی تھیں اور ان میں صرف ان شُرفا کو مدعو کیا جاتا تھا جنھیں اس فن کا ذوق ہوتا۔ ان محفلوں میں بیلیں نہیں دی جاتی تھیں اور نہ کوئی بیہودگی روا رکھی جاتی تھی[1]"

ایک دوسری جگہ وہ یوں لکھتے ہیں:

"ابا بڑے مذہبی خیال کے آدمی تھے انھوں نے داڑھی کبھی نہیں منڈوائی"[2] "ہر چند کہ ابا (بشیر الدین) کسی قدر آزاد خیال مولوی تھے اور عورتوں کے حقوق اور عورتوں کی حمایت میں بہت کچھ لکھتے رہتے تھے مگر اتنے آزاد خیال بھی نہ تھے کہ مذہب کے اوامر و نواہی کو بالائے طاق رکھ دیتے۔ ہمارے گھر میں سختی سے پردہ کیا جاتا تھا...... بارہ سال سے زیادہ کی عمر کا لڑکا زنانہ گھر میں ملازم نہیں رکھا جاتا تھا[3]"

مولوی نذیر احمد کی مذہب پسندی تو اپنی جگہ پر لیکن یہ کہ وہ دین کے مقابلے میں دنیا کو خاطر میں نہیں لاتے تھے ان سے متعلق کوئی صحیح روایت نہیں اس لئے کہ مرزا فرحت اللہ بیگ کے مطابق وہ سود بھی لیتے تھے اور حد درجہ کے کنجوس بھی واقع ہوئے تھے۔ ظاہر ہے کہ اس کا تعلق مذہب کے اوامر و نواہی سے ضرور ہے۔ شاہد صاحب کے پیش نظر اصل میں اپنے باپ کا وہ رویہ تھا جسکی بعض باتوں کو وہ دین داری کے خلاف تصور کرتے تھے جن میں طوائفوں کا ناچ

---

1. چند ادبی شخصیتیں۔ ص ۹۲
2. ایضاً۔ ص ۹۱
3. ایضاً۔ ص ۹۶

گانا اور بھانڈوں کا تماشہ بھی شامل تھا۔

تصنیف و تالیف :

بشیر الدین نے اپنی زندگی میں بہت سی کتابیں تصنیف کیں۔ زمانۂ ملازمت سے ہی انھوں نے لکھنے پڑھنے کا کام شروع کر دیا تھا۔ تعلیم نسواں پر ان کی خاص توجہ تھی۔ اس موضوع پر "اقبالِ دُلہن" "اصلاحِ معیشت" اور "حسنِ معاشرت" جیسی ناولیں لکھیں۔ ان کے ناولوں پر نذیر احمد کی ناول "مرآۃ العروس" اور دوسرے ناولوں کی گہری چھاپ نظر آتی ہے۔ شاہد صاحب لکھتے ہیں :

> "آغاز جوانی میں ہی انھوں نے 'حسن معاشرت' جیسی ناول لکھ ڈالا تھا جسے دیکھ کر دادا ابا (نذیر احمد) بھی خوش ہوئے تھے اور علّامہ راشد الخیری نے اس پر تبصرہ کرتے ہوئے لکھا تھا کہ اگر ہمیں یہ نہ بتایا جاتا کہ یہ کتاب بشیر الدین احمد نے لکھی ہے تو ہم بلا تکلف کہہ دیتے کہ حسنِ معاشرت مولوی نذیر احمد کی کتاب ہے۔"[1]

ممکن ہے کہ بشیر الدین کی بعض ناولیں نذیر احمد کی نظر سے اس طور پر بھی گذری ہوں کہ انھوں نے اپنے قلم سے اس کی اصلاح و درستی کے خیال سے کافی کچھ اضافہ کیا ہو مگر "حسنِ معاشرت" کے سلسلے میں شاہد صاحب کا یہ بیان غلط ہے کہ بشیر الدین نے اس ناول کو اپنی آغازِ جوانی میں لکھا۔ اس کتاب کے مقدمہ میں صاف لکھا ہے کہ بشیر الدین نے اپنی بیوی سید زمانی کے انتقال کے بعد "حسنِ معاشرت" لکھی۔ اس ناول کا دوسرا حصہ آپ بیتی ہے اور بیشتر مرحومہ سید زمانی کے من و عن حالات ہیں جو بہت تھوڑے تغیر و تبدل کے ساتھ لکھے گئے ہیں۔ یہ کتاب انھوں نے صرف بیس دن کے عرصہ میں تالیف کی[2] اس سے یہ ثابت ہوتا ہے کہ یہ ناول

---

[1] چند ادبی شخصیتیں۔ ص ۸۶-۸۷

[2] مقدمہ حسن معاشرت ص ۲-۳ مطبوعہ منروا پبلشنگ کمپنی لکھنؤ ۱۹۱۲ء

نذیر احمد کی نظر سے کسی طرح نہ گذری ہوگی کیونکہ سید زمانی اور نذیر احمد کے انتقال میں صرف دو چار دنوں کا فرق تھا۔ علّامہ راشد الخیری کا تبصرہ ممکن ہے اسی ناول کے سلسلے میں ہو ورنہ زیادہ تر احتمال یہ ہے کہ انھوں نے یہ تبصرہ کسی اور ناول کے سلسلے میں کیا ہو اور شاہد صاحب کا قلم اس ذیل میں چل گیا ہو۔

"اقبال دلہن" اور "اصلاحِ معیشت" کی تالیف کا زمانہ وہ ہے جب بشیر الدین حیدر آباد میں تھے اور اس کے بعد انھوں نے "تاریخ بیجا نگر" مرتب کی اس تصنیف کی تکمیل کے بعد انھوں نے "تاریخ بیجا پور" دو ضخیم جلدوں میں لکھی اسی دوران انھوں نے "حرزِ طفلاں" "عصائے پیری" اور "بچیوں سے دو دو باتیں" وغیرہ ترتیب دیں۔[1]

بشیر الدین نے دلی میں مستقل سکونت اختیار کرنے کے بعد سب سے پہلے ڈپٹی نذیر احمد کی کتابوں کو خاص اہتمام سے شائع کرنے کا سلسلہ شروع کیا۔ اس کام سے فرصت ملی تو دلی کے چیف کمشنر مسٹر ہیلی کی ایما پر انھوں نے تاریخ دلّی لکھنے کا سلسلہ شروع کیا جو ۱۹۱۷ء کے آس پاس مکمل ہوا[2] حکومتِ ہند نے تین جلدوں پر مشتمل اس کتاب کے اعتراف میں انھیں ایک ہزار روپے کا انعام بھی دیا۔

نذیر احمد کی طرح بشیر الدین کی کتابیں بھی نہ صرف عوام میں مقبول ہوئیں بلکہ گورنمنٹ نے اکثر کتابوں پر انعامات دیکر قدر افزائی کی[2] اس زمانہ میں اردو میں شائستہ ادب پر کوئی کتاب دستیاب نہ تھی۔ اس کمی کا خیال آتے ہی انھوں نے ایک سال کی مدت میں چھ کتابیں مرتب کر کے شائع کر دیں جن میں تین حصّے "حکایاتِ لطیفہ" اور تین حصّے "لطائفِ عجیبہ" کے عنوان سے ہیں[3]

---

[1] چند ادبی شخصیتیں ص ۸۷

[2] ساقی دلّی۔ اپریل ۱۹۳۰ء مضمون اشرف صبوحی

[3] چند ادبی شخصیتیں ص ۹۵

ایک زمانہ تک تصنیف و تالیف کی مشغولیت سے جب بشیرالدین کا جی اکتا گیا تو انھوں نے شاعری کو منہ لگایا۔ یہ میدان یقیناً ان کے لئے نیا نیا تھا۔ انھیں اس عمل پر کس نے رغبت دلائی کچھ معلوم نہیں لیکن قیاس ہے کہ سید زمانی اور نذیر احمد کے داغِ مُفارقت سے یہ تحریک پیدا ہوئی ہوگی۔ انھوں نے شروع میں تو مُنہ کا ذائقہ بدلنے اور تفننِ طبع کی خاطر اس میدان میں قدم رکھا مگر رفتہ رفتہ ان کا ذوق بڑھتا اور نکھرتا ہی چلا گیا۔ نوبت یہاں تک پہنچی کہ ایک ایک دن میں دس دس اور بیس بیس غزلیں کہنے لگے[1]۔

کلام پر اصلاح لینے کے لئے انھوں نے سب سے پہلے تو استاد بےخود دہلوی کی شاگردی اختیار کی پھر نواب سائل کو اپنا کلام دکھایا اور ان دونوں سے نہ نبھ سکی تو آخر میں نوح ناروی کے شاگرد بن گئے[2]۔ سال ڈیڑھ سال کی مسلسل طبع آزمائی کے بعد بشیرالدین نے اپنا دیوان مرتب کر لیا۔

دیوان بشیر کی اشاعت کے بعد انھیں سلاطین کے فرامین جمع کرنے کا شوق ہوا اور سال اندر "فرامین سلاطین" کے نام سے ایک کتاب شائع کر دی۔ اپنی بڑی لڑکی کی شادی کے موقع پر اس کے جہیز میں دینے کے لئے انھوں نے "لختِ جگر" دو حصوں میں لکھی اور پھر "بچیوں کے لئے" "انشائے بشیر کے عنوان سے ایک کتاب ترتیب دی[3]۔

اپنی زندگی کا بیشتر حصہ بشیرالدین نے تصنیف و تالیف پر صرف کیا۔ ۱۹۲۶ء میں ان پر فالج کا حملہ ہوا اور ان کی اس بیماری کا سلسلہ دو سال تک چلتا رہا مگر اس حالت میں بھی انھوں نے لکھنا پڑھنا ترک نہیں کیا۔ اگست ۱۹۲۷ء کو ان کی رحلت ہوئی اور خواجہ باقی باللہ نور اللہ کے احاطہ میں مدفون ہوئے[4]۔

---

[1] چند ادبی شخصیتیں۔ ص ۹۵
[2] ایضاً ص ۹۶
[3] ایضاً ″
[4] ساقی دلی۔ اپریل ۱۹۳۰ء ص ۳۵

بشیرالدین احمد کے والد ڈپٹی نذیر احمد کی قبر بھی درگاہ حضرت خواجہ باللہ میں اندرون احاطہ میں ہے۔ لوح مزار پر دو تاریخیں کندہ ہیں ایک عربی میں اور دوسری فارسی میں۔ بشیرالدین احمد کی قبر بھی اسی احاطہ میں ہے۔

شاہد احمد دہلوی پیدائش اور بچپن

ماہنامہ ’ساقی‘ کے ایڈیٹر، دہلی اور دہلویت کی منفرد شخصیت شاہد احمد صاحب ۲۲ مئی ۱۹۰۶ء میں بمقام دلّی پیدا ہوئے [۱] بچپن میں ہی ان کی والدہ سید زمانی اور دادا نذیر احمد کا انتقال ہوگیا تھا۔ ماں کی کمی پوری کرنے کے لئے ان پر یوروپین گورنس رکھی گئی جو ان کو انگریزی زبان میں باتیں کرنا سکھاتی تھی اور ساتھ ہی کھانے پینے، لباس، صحت اور کھیل کود وغیرہ کا خیال رکھتی تھی [۲] بشیر الدین کا تبادلہ جب حیدرآباد سے رائچور ہوا تو ان کا داخلہ ایک کانونٹ اسکول میں کرا دیا گیا۔ گھر پر انکے والد انھیں درس دیا کرتے تھے اور ایک ماسٹر بھی پڑھانے کے لئے رکھا گیا تھا۔ اس کانونٹ اسکول کی خصوصیت یہ تھی کہ وہاں زیادہ تر یورپین بچے ہی تعلیم پاتے تھے۔ یہاں وہ تنہا ہندوستانی تھے۔ تقریباً ایک سال کی اسکولی تعلیم کے بعد وہ انگریزی روانی سے بولنے لگے تھے۔ اس کے بعد جہاں جہاں بشیر الدین کا تبادلہ ہوتا رہا ان کی یہ کوشش رہی کہ وہ اپنے بچوں کو کسی کانونٹ اسکول میں ہی تعلیم دلائیں۔ ان اسکولوں اور مقامات کا نام دریافت نہ ہوسکا۔

شاہد احمد صاحب اپنی سوانح میں لکھتے ہیں کہ ۱۹۱۶ء میں ہم ابا کے ساتھ

---

[۱] چند ادبی شخصیتیں۔ ص ۲۶۱

[۲] ایضاً

دلی آئے تو مطبع مجتبائی میں ابا کی ملاقات ڈاکٹر ضیاء الدین سے ہوئی۔ ڈاکٹر صاحب نے انھیں مشورہ دیا کہ بچوں کو علیگڑھ میں داخل کر دیجیے چنانچہ ہم تینوں بھائی بہنوں کو اسی زمانہ میں M.A.O اسکول میں داخل کرا دیا گیا۔ بڑے بھائی ساتویں (درجہ) میں داخل ہوئے۔ منجھلے بھائی اور میں پانچویں میں[1] اس کے آگے وہ لکھتے ہیں کہ ان کی چھوٹی بہن بشریٰ علیگڑھ کے عبداللہ صاحب کے زنانہ اسکول میں پڑھتی تھی۔ علیگڑھ میں شاہد احمد اور ان کے بھائیوں کی خدمت کے لئے ایک خادم بھی ساتھ رہتا تھا۔

کانونٹ اسکول میں تعلیم پانے کے باعث دیگر مضامین کے مقابلے میں انکی انگریزی کافی اچھی تھی مگر جب علیگڑھ کی تعلیم کا سلسلہ شروع ہوا تو یہاں وہ سوائے انگریزی کے سبھی مضامین میں پھسڈّی رہے۔ ان کی اس کمزوری کو دور کرنے کیلئے کالج کے ایک طالبعلم کو مقرر کیا گیا۔

شاہد صاحب ایک نامور اور خوشحال گھرانہ سے تعلق رکھتے تھے اس لئے وہ جہاں بھی رہے عزت کی نگاہ سے دیکھے گئے۔ ان کے ساتھ امتیازی سلوک برتا جاتا تھا۔ اسکول میں ان کے استاد دوسرے بچوں کو تو سزائیں دیتے تھے مگر ان کے ساتھ بڑی مہربانی سے پیش آتے تھے۔ مولانا اسلم جیو راجپوری جو انھیں فارسی اور اردو پڑھاتے تھے اکثر غیرت دلایا کرتے تھے کہ دیکھو تم کس کے پوتے اور کس باپ کے بیٹے ہو۔ اگر تم نہیں پڑھو گے تو لوگ کیا کہیں گے؟[2]

یہ سچ ہے کہ شاہد صاحب نے اچھے سے اچھے اسکولوں میں ابتدائی تعلیم پائی مگر جب ان کا داخلہ علیگڑھ میں کرایا گیا تو وہاں ان کا جی نہ لگا۔ ممکن ہے کہ اس کی وجہ علیگڑھ کا وہ ماحول ہو جو کانونٹ اسکول سے مختلف تھا۔

---

[1] نقوش۔ آپ بیتی نمبر ص ۱۱۱۷

[2] ساقی کراچی ۱۹۶۲ء خود نوشت سوانح شاہد احمد

M.A.O اسکول کی بورڈنگ میں جہاں ان کے قیام کا بندوبست تھا وہاں روزآنہ کے معمول میں بڑی باقاعدگی برتی جاتی تھی۔ پنج وقتہ نمازوں کی پابندی سے ادائیگی کے ساتھ ساتھ کھیل کود کا خیال بھی رکھا جاتا تھا۔ ان تمام آسائشوں اور تفریحوں کے باوجود شاہد صاحب کی طبیعت اُچاٹ اُچاٹ رہتی تھی۔ بہرصورت یہاں ان کے تین سال گذرے ہے

مولانا محمد علی جوہر نے جب علیگڑھ میں جامعہ ملیہ اسلامیہ کی بنیاد قائم کی اور انگریزی کے خلاف عدم تعاون کی تحریک شروع ہوئی تو شاہد احمد وہاں سے بلا لئے گئے اور دلی میں اب ان کا داخلہ اینگلو عربک میں اسکول میں کرا دیا گیا۔ اس مدرسہ کے حالات خود شاہد صاحب کی زبانی سنئے:

"عربک اسکول میں میں نے چار سال پڑھا۔ ساتویں جماعت میں ہمارے کلاس ماسٹر تھرڈ ماسٹر کہلاتے تھے۔ یہ بھی بے حد مرکھے تھے۔ چالیس پچاس لڑکوں کو اس سرے سے اس سرے تک ادھیڑ کر رکھ دیا کرتے تھے۔ ناک پھلکی تھی اس لئے 'ونکٹ' کہلاتے تھے۔ اسکول کے لڑکے بڑے شریر ہوتے ہیں ماسٹروں کے نام ایسے موزوں رکھ دیتے ہیں کہ چپک کر رہ جاتے ہیں۔ ہیڈ ماسٹر صاحب فضل الدین دلی کے تقریباً کل مسلمان خاندانوں کے استاد تھے۔ ایک عجیب وصف ان میں یہ تھا کہ جب کسی طالب علم کو ان کا خیال آجاتا تھا کہ کہیں ہیڈ ماسٹر صاحب نہ آجائیں اسی وقت وہ نمودار ہو جایا کرتے تھے لہذا لڑکوں نے انکا نام 'قطب' رکھ دیا تھا۔ ایک ماسٹر صاحب تھے جو اس طرح بولتے تھے جیسے ان کے مُنہ میں کوئی چیز بھری ہو۔ ان کا نام 'آلو' رکھ دیا گیا تھا۔ ایک اور صاحب تھے جن کی شکل اور داڑھی چینیوں جیسی تھی۔

نقوش آپ بیتی نمبر ص ۱۱۱۸

ان کا نام رفیجو، پڑگیا تھا (ان کا اصل نام محمد عمر تھا اور خاص بات یہ تھی کہ ان کا کوئی طالب علم فیل نہیں ہوتا تھا) ایک "دوزخ کے چوتٹے، تھے اور ایک صاحب "اللہ میاں کی اُونٹنی، تھے"۔ [1]

اکثر دیکھا گیا ہے کہ بڑے گھرانوں کے بچے جن کے لئے تمام تعلیمی سہولیات دستیاب ہوتی ہیں پڑھنے لکھنے میں تیز نہیں ہوتے۔ شاہد صاحب کے ساتھ بھی یہی صورت حال تھی۔ انھوں نے نمایاں کامیابی حاصل کرنے کی کبھی کوشش نہ کی۔ لکھتے ہیں:

"دسویں جماعت میں کچھ تو پڑھا کم اور کچھ اس وجہ سے کہ امتحان سے تین ماہ پہلے ابّا نے میری شادی کر دی۔ میٹرک میں فیل ہوگیا۔ اس سال ہمارے اسکول کا نتیجہ بہت بُرا رہا...... ابا نے مجھے اور منجھلے بھائی کو عربک اسکول سے اٹھا کر مشن اسکول میں داخل کرا دیا۔ اگلے سال سنہ ۱۹۲۳ء میں مَیں نے اچھے سکنڈ ڈویژن سے میٹرک پاس کرلیا"۔ [2]

شاہد صاحب اپنے دیگر بھائیوں کی تعلیم کا تذکرہ کرتے ہوئے لکھتے ہیں:

"ابا کی خواہش تھی کہ ہم میں سے کوئی بھائی وکیل بنے کوئی ڈاکٹر اور کوئی انجینئر۔ بڑے بھائی منذر احمد نے وکالت کو پسند کیا۔ منجھلے بھائی نے انجینئری اور میں نے ڈاکٹری کو۔ بڑے بھائی نے B.A کے بعد L.L.B پاس کیا...... منجھلے بھائی میٹرک سے بددل ہو کر حیدر آباد چلے گئے اور سب انسپکٹر پولیس ہو گئے"۔ [3]

لاہور کا تعلیمی زمانہ:

شاہد صاحب کے چچا زاد بھائی ڈاکٹر اجمل حسین یعنی علّامہ مضحک دہلوی جو انکی

---

[1] نقوش آپ بیتی نمبر ص ۱۱۱۸

[2] ایضاً

[3] نقوش آپ بیتی نمبر ص ۱۹-۱۱۱۸

بہن بشریٰ کے شوہر بھی تھے اُن دنوں لاہور کے میڈیکل کالج میں ملازم تھے۔ انھیں کے مشورہ پر شاہد صاحب نے ایف۔ سی کالج میں داخلہ لے کر وہاں سے ایف ایس سی (میڈیکل) پاس کیا۔ وہ لکھتے ہیں :

" ابا کا ارادہ مجھے ایڈنبرا بھیجنے کا تھا۔ مگر دو بڑے حادثے یکے بعد دیگرے اسی زمانہ میں پیش آئے۔ ابا کے دائیں طرف فالج کا اثر ہوگیا۔ وہ اسے موت کا پیام سمجھنے لگے تھے۔ پہلے حادثہ کو ایک سال بھی نہیں ہوا تھا کہ میری بیوی کو پلورسی ہوگئی اور اس نے اتنا طول کھینچا کہ ان کا ہڈی سے چمڑا لگ گیا۔ ڈاکٹر اجمل کے مشورہ سے انھیں لاہور لے گیا۔ ڈاکٹروں نے معائنہ کیا۔ پھیپھڑے سے پانی نکالا گیا...... گھر پر ہی آپریشن ہوا...... دو مہینے تک یہ سلسلہ جاری رہا۔ صحت بالکل گر گئی اور کوئی امید زیست کی نہ رہی...... مجھے اپنی بیوی سے محبت تو تھی ہی مگر اب محبت سے زیادہ ان پر ترس آتا تھا کہ الٰہی یہ کس مصیبت میں گرفتار ہوگئیں۔...... مگر اللہ کی شان کہ وہاں (لیڈی ہارڈنگ اسپتال دہلی) کے ایک سکھ ڈاکٹرنی نے اس توجہ سے ان کا علاج اور نرسنگ کی کہ وہ رُو بصحت ہونے لگیں۔ چار پانچ مہینے بعد جب (لاہور سے) دلّی گیا تو وہ بظاہر بالکل تندرست ہوچکی تھیں مگر پہلو کا زخم ناسور بن گیا تھا...... بیوی اسپتال ہی میں رہیں اور میں نے لاہور جاکر میڈیکل کالج میں داخلہ لے لیا۔ ابا اور بیوی کی بیماری سے ویسے ہی طبیعت اچاٹ ہو رہی تھی کہ سڑے ہوئے مُردوں پر کام کرنا پڑا۔ گوشت کھانا چھوٹ گیا۔ ہاتھوں میں سے دواؤں کی بُو آتی رہتی تھی۔ کام سے اور اپنے آپ سے گھن آنے لگی۔ انھوں نے (بشیر الدین) ہمیشہ ہمت دلائی مگر میں نے ابا کو لکھ دیا کہ آپ کی خواہش کی تکمیل میں مَیں نے ڈاکٹری پڑھنی شروع کی مگر یہ کام

میرے بس کا نہیں ہے ۔ ابا کو اس کا افسوس ہوا مگر انھوں نے مجھ سے اصرار نہیں کیا۔ خط لکھوا دیا کہ نہیں پڑھ سکتے تو دلّی چلے آؤ۔ میں نے کتابیں اور ہڈیوں کے ڈھانچے اَدنے پَونے ہم جماعتوں کے ہاتھ بیچے اور گھر چلا آیا۔ ابّا آدھے بھی نہیں رہے تھے۔ میں ان کے گلے لگ کر پھوٹ پھوٹ کر رویا۔ ابا نے پیار کیا اور آبدیدہ ہو گئے۔ پوچھا" اب کیا کرنے کا ارادہ ہے ؟" میں نے کہا" B.A اور MA کرونگا۔" بولے" اچھا جیسی تمھاری مرضی"۔ ؎

لاہور سے دلّی آ کر شاہد صاحب نے (B.A(Hns) میں داخلہ لے لیا اور اس کے چند ماہ بعد ان کے والد کا انتقال ہو گیا۔ ۱۹۲۸ء میں بی ۔ اے کی تعلیم مکمل کر لینے کے بعد انھوں نے ایم ۔اے فارسی میں داخلہ لے لیا۔ یہاں شاہد صاحب کے علاوہ فارسی میں دوسرا طالب علم نہ تھا اور چونکہ فارسی میں وہ اچھی خاصی استعداد رکھتے تھے اس لئے ان کے استادوں نے انھیں باقاعدہ درس دینے کی ضرورت نہ سمجھی بس اتنا ہی خیال رکھا گیا کہ جب کوئی دشواری ہو تو متعلقہ اساتذہ سے پوچھ لیں لیکن اس کی بہت کم نوبت آئی ۔ شاہد احمد نے یہاں کے جن اساتذہ کا خاص طور سے ذکر کیا ہے ان میں شمس العلماء مولوی عبدالرحمٰن بجنوری تھے جو دراصل عربی کے استاد تھے۔ مولانا ان کے درس و تدریس میں اس لئے زیادہ دلچسپی دکھاتے تھے کہ ان کا تقرر مشن کالج میں نذیر احمد کی سفارش پر ہی ہوا تھا۔ شاہد صاحب ان کے یہاں صبح صبح پڑھنے جایا کرتے تھے ۔ وہ لکھتے ہیں :

"میں نے مولوی صاحب سے کچھ کم ایک سال پڑھا۔ غضب کا حافظہ تھا۔ مُنہ لپیٹے پڑے رہتے تھے اور وقائع نعمت خاں عالی اور

؎ نقوش آپ بیتی نمبر صفحہ ۱۱۲

اخلاق جلالی جیسی دقیق کتابیں مجھ سے آگے مُنہ زبانی پڑھتے چلے جاتے تھے۔ترجمہ میں انگریزی میں کرتا جاتا تھا۔مولوی صاحب انگریزی نہ لکھ سکتے تھے نہ بول سکتے تھے مگر مجھے ٹوک کر ایسا صحیح لفظ بتاتے کہ میرا سارا انگریزی دانی کا گھمنڈ کرکرا ہو جاتا تھا۔رمضان کا مہینہ تھا۔مولوی صاحب نجانے کس جھونجھ میں تھے کہ مجھ سے اڑ گئے۔مجھے عربی نہیں آتی تھی اس لئے اخلاق جلالی اٹک اٹک کر پڑھنے لگا۔ایک جگہ بالکل ہی نہیں چلی تو میں رک گیا۔مولوی صاحب کمبل اوڑھے اوڑھے بولے "رک کیوں گئے؟"

میں نے کہا "جی عربی ہے"

"تو پھر کیا ہوا؟"

"کیا خبر قرآن کی آیت ہی ہو؟"

"جی تو پھر؟"

"غلط سلط پڑھوں گا تو گناہ ہو گا"

"جی آپ پڑھیے۔گناہ وثواب مجھ پر"

میں نے فراٹے کے ساتھ اردو کی طرح عربی پڑھ دیا۔

مولوی صاحب بولے "سبحان اللہ، سبحان اللہ۔اور آپ جناب ڈپٹی نذیر احمد کے پوتے ہیں"

مجھے مولوی صاحب کا یہ طعنہ بہت بُرا لگا۔میں نے پٹخ کر کہا۔

"کیا یہ میرا قصور ہے کہ میں ڈپٹی نذیر احمد کے یہاں پیدا ہوا۔وہ ہوں گے عربی فارسی کے عالم۔مجھے عربی نہیں آتی"

مولوی صاحب نے یہ محسوس کر لیا کہ مجھے ان کا کہنا ناگوار گذرا۔

رسان سے بولے "ہاں پڑھو"

میں مُنہ تھتھا کر بیٹھ گیا۔پھر انھوں نے کہا "جی پڑھئے"

میں نے کہا یہ جی میں نہیں پڑھتا وڑھتا اور میں کل سے نہیں آؤنگا۔"
مولوی صاحب اُٹھ بیٹھے۔ بولے "جناب کو غصہ بہت جلدی آجاتا
ہے"۔ اس کے بعد مولوی صاحب بہت دیر تک سمجھاتے رہے مگر
میں "سلام علیکم" کہہ کر وہاں سے چلا آیا پھر نہ مولوی صاحب کے پاس
گیا اور نہ کالج گیا۔[1]

شاہد صاحب کے تذکرہ بالا بیان سے یہ تو پتہ چلتا ہے کہ انھوں نے مولانا کے اعتراضات کو شدت سے محسوس کیا لیکن خود شمس العلماء کی گفتگو میں کوئی ایسی بات سامنے نہیں آتی کہ جس کے نتیجہ میں اس طرح کی تلخی پیدا ہو جائے۔ اور اگر اس معاملہ میں شاہد صاحب کا بیان صحیح مان لیا جائے تو اس سے خود ان کی اپنی طبیعت اور مزاج کے عدم توازن کا پتہ چلتا ہے۔

شمس العلماء اور شاہد صاحب کے درمیان پیدا ہوئی اس تلخی کے زیر اثر انھوں نے نہ صرف پڑھنا چھوڑ دیا بلکہ اس کے بعد ان کی تعلیم کا سلسلہ ختم ہو گیا۔

شاہد احمد کا حلیہ اور کردار :

میانہ قد، چھریرا بدن، کھلتا ہوا مائل بہ سیاہی رنگ، چوڑی پیشانی، کھڑی ناک اور اس پر موٹے فریم کا چشمہ، چہرے پر وقار اور سنجیدگی کے آثار، ڈھیلے ڈھالے لباس پر ڈھیلی ڈھالی شیروانی علیگڈھی پائجامہ اور اس پر جناح کیپ یہ تھا شاہد صاحب کا حلیہ۔ داڑھی مونچھ رکھنا اگرچہ ان کے اجداد کی شان تھی مگر انھوں نے اُسے اپنے لئے ضروری نہ سمجھا۔ قدرت نے انھیں کم سخن بنایا تھا اس لئے جب کوئی بات کرتا تو مسکرا کر خاکسارانہ انداز میں جواب دیتے اور پھر خاموش ہو جاتے تھے کبھی بلند آواز میں قہقہہ لگاتے تو ذرا سی دیر میں پھر سنجیدگی اختیار کر لیتے تھے۔

---

[1] نقوش آپ بیتی نمبر ص ۱۲۱

ضرورت مندوں کے ساتھ ہمدردی سے پیش آنا اور ان کی حاجت روائی کرنا ان کی فطرت میں داخل تھا۔ انھوں نے نجانے کتنے ادیبوں اور شاعروں کی وقت ضرورت مدد کی اور مالی مشکلات سے نجات دلائی۔ ڈپٹی نذیر احمد کے بارے میں مشہور ہے کہ وہ کنجوس واقع ہوئے تھے مگر شاہد صاحب کی فطرت اس کے برعکس تھی۔ فراخ دلی ان کا طرۂ امتیاز تھی۔

سادگی اور متانت شاہد صاحب کی سب سے بڑی خوبی تھی۔ جھوٹی عزت حاصل کرنا انھیں پسند نہ تھا۔ دروازہ پر کوئی ان سے ملنے آتا تو وہ جس حالت میں ہوتے دستک دینے والے کے سامنے حاضر ہو جاتے تھے۔ شاعروں کو کلام سنانے کا مرض ہوتا ہے اس لئے شاعروں کی اس عادت سے شاہد صاحب کو بڑی چڑھ تھی چنانچہ اس معاملہ میں لحاظ و مروت کو بالائے طاق رکھتے ہوئے ان کی صحبت سے کنارہ کشی اختیار کر لیتے تھے مگر اس کا مطلب یہ نہیں کہ انھیں شعر و شاعری سے لگاؤ نہ تھا۔ اساتذہ اردو و فارسی کے سینکڑوں اشعار انھیں حفظ تھے اور ان کا برمحل استعمال اپنی گفتگو اور تحریر کے درمیان اس طرح کرتے تھے گویا اسی موقع اور مناسبت سے ان اشعار کی تخلیق ہوئی ہو۔

شاہد صاحب نے اچھے دن بھی دیکھے اور برُے بھی۔ پاکستان جانے کے بعد ان کی پریشانیوں کا سلسلہ ایک زمانہ تک چلتا رہا مگر اپنی وضع داری اور مہمان نوازی میں فرق نہ آنے دیا۔ جو کچھ میسّر آیا اسی پر تازندگی قانع رہے اور شکرِ خدا بجالاتے رہے۔

غربت اور بے وطنی میں انسان کے جوہر کھلتے ہیں۔ کردار نفس کی پہچان ایسے ہی موقع پر ہوتی ہے لیکن شاہد صاحب نے اپنی خو نہ بدلی۔ ہر ایک سے بے نیازانہ ملے اور خود غرضی کا مظاہرہ کبھی نہ کیا۔ بڑے لوگوں کی خوشامد کرنا یا ان سے گر گر بات کرنا انھیں ہرگز پسند نہ تھا ایک مرتبہ مرزا عظیم بیگ چغتائی کے یہاں مہمان ہوئے۔ مرزا صاحب اسی زمانہ میں نواب صاحب جاورہ کے چیف جج تھے۔

انھوں نے شاہد صاحب سے نواب صاحب کی خدمت میں حاضری دینے کو کہا تو شاہد صاحب نے جواب دیا: "میں اتنے بڑے آدمیوں سے نہیں ملتا جن سے مل کر مجھے ذلت محسوس ہو" مرزا صاحب نے کہا: "ارے بھائی تمھارے دادا کے تو بڑے قدردان ہیں یہ نواب" میں نے یہاں لوگوں سے سنا ہے کہ نواب صاحب ایک مرتبہ ایسے بیمار پڑے کہ ان کے جینے کی آس نہ رہی۔ انھوں نے خواب میں دیکھا کہ کوئی بزرگ کہہ رہے ہیں کہ مولوی نذیر احمد کا ترجمہ قرآن شائع کرو۔ تم اچھے ہو جاؤ گے۔ انھوں نے تمھارے والد سے اجازت منگوائی اور دو جلدوں میں صرف ترجمہ اپنے چھاپہ خانے سے شائع کیا اور واقعی اچھے ہو گئے۔ تو وہ تم سے مل کر بہت خوش ہوں گے۔ مَیں نے کہا: "اور کچھ خیرات بھی دیں گے" مرزا صاحب نے کہا: "تو پھر کیا ہوا؟" میں نے کہا مجھے معاف فرمایئے میں تو صرف آپ سے ملنے آیا ہوں۔ میرے تو نواب یا بادشاہ جو کچھ ہیں وہ آپ ہیں۔ مگر مرزا صاحب نے میری اس بات کو پسند نہیں کیا دل میں شاید کچھ ناراض بھی ہوئے"[1]

ایک نہیں بلکہ اس طرح کی متعدد مثالیں موجود ہیں جن سے اندازہ ہوتا ہے کہ شاہد صاحب بڑے لوگوں سے ربط ضبط رکھنا کسرِ شان سمجھتے تھے۔

شاہد صاحب کی ایک خوبی یہ بھی تھی کہ وہ بڑے زندہ دل آدمی تھے۔ انکی صحبت میں ہر ایک کو لطف آتا تھا۔ ان کی باتیں اتنی مزیدار اور دلچسپ ہوا کرتی تھیں کہ سننے والا ان کا عاشق ہو جاتا تھا۔ ڈاکٹر خلیق انجم کا کہنا ہے کہ" وہ خود ان کے زبردست عاشق ہو گئے تھے اور جب میرا یہ عالم تھا تو صنفِ مخالف کے بارے میں کیا کچھ نہیں کہا جا سکتا"

ڈاکٹر جمیل جالبی ان کا ایک دلچسپ واقعہ یوں بیان کرتے ہیں:

"ایک دن ریڈیو پاکستان لاہور میں بیٹھے حسبِ معمول بیئرن

---

[1] چند ادبی شخصیتیں ص ۱۲۳

پی رہے تھے ۔ ریڈیو لاہور والے ان کی خاطر تواضع سے اپنی عقیدت مندی اور احترام کا ثبوت دے رہے تھے ۔ ہمدردی خلوص اور محبت کی باتیں ہو رہی تھیں ۔ ایک خاتون کچھ فاصلہ پر بیٹھی سب کچھ دیکھ رہی تھیں اور سوچ رہی تھیں کہ آخر یہ صاحب ہیں کون ؟ کسی سے پوچھا تو معلوم ہوا کہ شاہد احمد دہلوی ہیں ۔ یہ سنتے ہی چونک پڑیں ۔ غالباً دورانِ خون تیز ہو گیا تھا ۔ دماغ پر استعجاب اور عقیدت کا کوندا لپکا ۔ پہلو بدلنے لگیں اور بے ساختہ بولیں "اگر یہ بیڑی نہ پیتے ہوتے تو میں ابھی ان پر عاشق ہو جاتی ۔ کہنے لگے خدا کا شکر ہے کہ میں کیوپڈ صاحب کی ستم ظریفیوں سے بال بال بچ گیا ۔ بیڑی میرا Organ of Defence بن گئی ہے[1]

بیڑی کے کثرتِ استعمال کے ساتھ ساتھ روزآنہ بیسیوں پیالی چائے پی جانا بھی شاہد صاحب کی عادت میں شمار تھا اچھی ہو یا بُری بس انھیں چائے چاہئے اور کچھ نہیں ۔

ڈاکٹر جمیل جالبی ان کے گہرے دوست تھے اور دونوں کے ایکدوسرے سے گہرے مراسم بھی تھے چنانچہ جالبی صاحب کو انھیں بہت قریب سے دیکھنے کا موقع ملا تھا ۔ ان کی شخصیت اور سیرت کا احاطہ کرتے ہوئے لکھتے ہیں :

"کھل کر باتیں کر رہے ہیں نہ کسی کی برائی نہ کسی کی غیبت ۔ سب پر فقرے چست کریں گے مزہ لیں گے مذاق اڑائیں گے ۔ جس قسم کی صحبت میں بیٹھیں گے گھل مل جائیں گے ۔ بوڑھوں میں بوڑھے جوانوں میں جوان اور بڑوں میں بڑے ۔ ہر ایک کے متعلق بہت کچھ جانتے ہیں ۔ اپنی ملاقات کی تفصیل بتائیں گے لچھے دار انداز میں گفتگو کریں گے خود بھی ہنسیں گے اور سننے والوں کو بھی ہنسائیں گے ۔

---

[1] نقوش شخصیات نمبر ص ۶۰۲

اچھی بُری ہر قسم کی بات کریں گے۔ شاہد صاحب سے باتیں کرتے وقت آدمی سب کچھ بھول کر ایک الگ دنیا میں کھو جاتا ہے جہاں خلوص، ہنسی، دلچسپی اور ادب و موسیقی کے علاوہ کچھ نہیں ہوتا۔ ادیبوں اور شاعروں کے قصے ہوں گے ان کے بھی جو مر گئے اور ان کے بھی جو ابھی ابھر رہے ہیں۔" [1]

جالبی صاحب اسی مضمون میں آگے چل کر شاہد صاحب کی کمزوریوں کیطرف اشارہ کرتے ہوئے لکھتے ہیں:

"شاہد صاحب بڑے کاہل ہیں۔ یہ چیز ان کے وجود کا ناگزیر جز و بن کر رہ گئی ہے۔ کہیں آنے جانے سے انھیں وحشت ہوتی ہے۔ پابندیٔ اوقات کا یہ عالم کہ اگر کہیں انھیں پانچ بجے جانا ہے تو سات بجے پہنچیں گے یا پھر اتنی پابندی ہو گی کہ وقت سے آدھے گھنٹہ پہلے پہنچ جائیں گے۔ انتظامی صلاحیت بالکل نہیں ہے اور یہ شاید اس سے ہو کہ طبیعت میں لحاظ اور مروت حد درجہ ہے۔

کراچی آئے تو مالی اعتبار سے پریشان رہے۔ قدر دانوں نے دیکھا تو ریڈیو پر رکھ لیا۔ بڑی قدر کی۔ معقول مشاہرہ دیا۔ زندگی بھر نوکری کی نہیں تھی۔ نوکری کے لئے کچھ اور خوبیاں چاہئیں۔ وقت کی پابندی مکھن لگانے کی صلاحیت، آنا جانا، کھانا پینا، اٹھنا بیٹھنا اور نجانے کیا کیا۔ یہ باتیں ان میں سرے سے ہیں ہی نہیں۔ کچھ ہی دنوں میں وہ لوگ جو قدر دان تھے شاکی ہو گئے اور نوکری کا یہ سلسلہ منقطع ہو گیا۔ ایک دن کہنے لگے جمیل صاحب! پاکستان میں ملازمت اور منافقت شاید ہم معنی الفاظ ہیں۔ واقعی نوکری کرنا بڑے

---

[1] نقوش شخصیات نمبر ص ۴۸۶

دل گردے کا کام ہے۔"[1]

ازدواجی زندگی :-

شاہد صاحب صرف سولہ سال کے ہوئے تھے کہ ان کی شادی ۱۹۲۲ء میں عالیہ بیگم نامی ایک خاتون سے کر دی گئی۔ ان کی ازدواجی زندگی کے ابتدائی بیس برس وہ تھے جنھیں وہ انتہائی تکلیف دہ سمجھتے رہے۔ یہ مدت ان کی ازدواجی خوشیوں سے لطف اندوز ہونے کی تھی مگر شاہد احمد کے مطابق انھوں نے سارا وقت اپنی بیوی کی تیمار داری میں صرف کیا۔ اس دوران ان کے یہاں چھ اولادیں ہوئیں مگر طویل علالت کے بعد ۱۹۴۰ء میں عالیہ بیگم انتقال کر گئیں اور دلی گیٹ کے قبرستان میں میں سُپردِ خاک ہوئیں۔

شاہد صاحب نے اپنی بیوی کی علالت کے آخری ایام میں علّامہ صادق الخیری کو جو خط بھیجا تھا اس سے ان کے دلی تکلیف کا اندازہ ہوتا ہے۔ وہ لکھتے ہیں :

"بیوی کی صحت کے ساتھ ڈاکٹروں نے بھی جواب دے دیا ہے مایوسی نے دنیا اندھیری کر دی۔ سترہ سال کا ساتھ چھوٹ رہا ہے۔ دل کٹا جاتا ہے تمھیں اطلاعاً لکھ رہا ہوں مگر یہ خبر سن کر مجھ سے ملنے مت آنا کیونکہ ذراسی ہمدردی پر بھی آنسو نکل پڑتے ہیں۔ جس وقت سے ڈاکٹروں نے جواب دیا ہے دل بیکار ہو گیا ہے اپنوں میں کسی کی صورت دیکھتے ہی دل بھر آتا ہے۔ اللہ تعالیٰ رحم فرمائے۔"[2]

بیوی کے انتقال کے بعد ایک اور خط انھوں نے علّامہ خیری کو تحریر کیا جس کا مضمون یہ ہے :

---

[1] نقوش شخصیات نمبر ص ۴۹۲

[2] ساقی کراچی۔ جوبلی نمبر ۱۹۵۵ ص ۱۹

"قسمت کی گردش میرے پاؤں میں آگئی ہے۔ بیوی کے مرنے سے زندگی کا کوئی اصول نہیں رہا۔ طبیعت میں زاہدانہ یبوست پیدا ہوگئی ہے۔ تنہائی میں بھی دل گھبراتا ہے۔ کچھ عجیب طرح کی زندگی گذر رہی ہے۔ تین بچیاں بشریٰ کے ساتھ جگراؤں چلی گئیں۔ مشہود سراج کے پاس ہے۔ مسعود منجھو صاحب (مبشر احمد) کے پاس ہے اور ان کے ساتھ حیدرآباد چلا جائے گا۔ چھوٹا دودھ پیتا بچہ اعظم خاں کی حویلی میں ہے۔ شیرازہ ہی بکھر گیا۔ منجھو صاحب جمعرات کو حیدرآباد جا رہے ہیں۔ مجھے اپنے ساتھ لے چلنے کو کہہ رہے ہیں۔ سوچتا ہوں (چلا ہی جاؤں) اگر دو ہفتہ باہر رہوں گا تو خیال کی یکسوئی سے بچ جاؤں گا۔ یہاں ہر چیز سے مرحومہ کی یاد وابستہ ہے۔ غالباً ان کے ساتھ چلا ہی جاؤں"۔ [1]

شاہد صاحب اپنی بیوی کی علالت کا تفصیلی ذکر کرتے ہوئے لکھتے ہیں:

"بیمار بیوی کی خدمت کرنا تو میرا فرض تھا مگر میں سمجھتا ہوں کبھی کبھی جو میں بیزار ہو جاتا تھا اور برُے برُے خیالات دل میں لاتا تھا تو شاید اللہ میاں مجھے اس لئے معاف کر دیں کہ میں نے اپنی دائم المرض بیوی کو کبھی سوکن کا دکھ نہیں پہنچایا۔ حالانکہ دو نہیں بیسیوں لڑکیاں مجھ سے شادی کرنے کی خواہشمند تھیں میں اُن سب کو بہلاتا ہی رہا مگر بیوی کے انتقال کے بعد میں نے ان میں سے کسی سے شادی نہیں کی اور نہ اپنی بھری جوانی میں کوئی بے راہ روی اختیار کی۔ ویسے دس سال کی عمر سے میں افلاطونی عشق کا مریض ہوں حد یہ ہے کہ بیوی کے مرنے کے بعد بعض شادی شدہ سابقہ محبوبائیں اس پر بھی آمادہ تھیں کہ اپنے شوہر سے طلاق لے کر مجھ سے شادی کرلیں"۔ [2]

---

[1] ساقی کراچی۔ جوبلی نمبر ۱۹۵۵ صفحہ ۲۰

[2] نقوش آپ بیتی نمبر صفحہ ۱۱۲

ضروری نہیں ہے کہ شاہد صاحب کا متذکرہ بالا بیان کلیتہً صحیح ہو لیکن چونکہ ان کے یہاں دولت کی کمی نہ تھی اور وہ گانے بجانے میں طاق تھے نیز اس زمانہ کا ایک مقبول رسالہ نکالتے تھے اس وجہ سے اس بات کا امکان ہے کہ بعض خواتین سے ان کے صرف ادبی ہی نہیں بلکہ جذباتی تعلقات بھی ہوں اور ان سے خط وکتابت کا سلسلہ بھی رہا ہو۔

شاہد صاحب خوبصورت تو نہ تھے مگر ان کی گفتگو نہایت دلچسپ ہوتی تھی۔ ان تمام خصوصیات کے باعث وہ اپنے زمانہ کی خواتین کے لئے غیر معمولی کشش رکھتے ہوں گے۔ اس بات سے بھی صرف نظر نہیں کیا جا سکتا کہ جوش ملیح آبادی کی "یادوں کی بارات" کی طرح شاہد صاحب یہاں بھی اس بیان کو قلمبند کرتے وقت کچھ ضرورت سے زیادہ رومانی ہو گئے ہوں اور انھوں نے ایک حد تک غلو سے کام لیا ہو۔

شاہد صاجب کی رومانیت کے سلسلہ میں دلّی کے چند معتبر بزرگوں سے رابطہ قائم کرنے پر یہ دریافت ہوا کہ عصمت چغتائی، کرشن چندر کی بہن کوشلیا، زبیدہ بیگم اور ظریف دہلوی کی ایک صاحبزادی سے ان کے گہرے روابط تھے اور ان میں تقریباً سبھی شاہد صاحب کو اپنا آئیڈیل تصور کرتی تھیں۔

عقدِ ثانی :

شاہد صاحب کی دوسری شادی ممتاز علی کی صاحبزادی عاصمہ بیگم سے ہوئی۔ ممتاز علی ایک تحصیلدار تھے اور ان کا شمار دلّی کے باوقار اشخاص میں ہوتا تھا۔ رشتہ میں عاصمہ بیگم عالیہ بیگم کی بھانجی ہوتی تھیں۔ ان کا مکان حویلی اعظم خاں میں تھا جو انھیں ترکہ میں ملا تھا۔ شادی کے بعد شاہد نے اس مکان میں مستقل سکونت اختیار کر لی تھی مگر "ساقی" کا دفتر نذیر احمد کے مکان میں ہی تھا جہاں دوستوں کے ساتھ ان کا اٹھنا بیٹھنا رہا کرتا تھا۔

عاصمہ بیگم سے بھی ان کے چھ بچے ہوئے، جن میں پانچ لڑکیوں کے علاوہ ایک بیٹا بھی تھا، جس کا نام محمود تھا۔ محمود احمد کی پیدائش ۱۹۴۶ء میں ہوئی وہ آجکل نیویارک میں ہیں

۱۹۴۷ء میں شاہد احمد بال بچوں کے ساتھ پاکستان چلے گئے۔ ان کی بیوی عاصمہ بیگم میٹرک پاس تھیں۔ اس بنیاد پر وہاں انھیں ایک اسکول میں ملازمت مل گئی۔ نوکری کے ساتھ ساتھ انھوں نے اپنی تعلیم کا سلسلہ بھی جاری رکھا اور بالآخر ایم۔ اے پاس کرلیا۔ شاہد صاحب ان کا حال یوں بیان کرتے ہیں :

"جب میری بیوی نے اس عمر میں دن بھر ایک اسکول میں پڑھانے اور خرابیٔ صحت کے باوجود سکنڈ ڈویژن میں ایم۔ اے پاس کرلیا تو سب کو بہت خوشی ہوئی اور جمیل (جالبی) صاحب کو سب سے زیادہ۔ گھر میں زنانہ میلاد شریف ہوا جمیل صاحب کی والدہ اور بہن بھی آئیں۔ مٹھائی تو کئی خواتین لے کر آئیں مگر جمیل صاحب کی بیگم مٹھائی کے علاوہ نائیلون کی ایک ساڑی بھی تحفتاً لے کر آئیں۔"

معاشی زندگی :

عائلی زندگی اختیار کرنے کے بعد بھی شاہد صاحب نے اپنی طالبعلمانہ زندگی کو برقرار رکھا۔ اعلیٰ تعلیم حاصل کرنے کا مقصد ان کے نزدیک باپ دادا کی طرح اچھی ملازمتوں کا حصول نہ تھا۔ اس کے ذریعہ وہ دولت بھی کمانا نہیں چاہتے تھے یہ تو انھیں ورثہ میں ہی مل گئی تھی۔ ان کے والد نے اپنے بیٹوں کے لئے الگ الگ پچاس ہزار روپے بنک میں چھوڑے تھے۔ جائداد بھی اتنی تھی کہ صرف ان کا کرایہ ان کے ہر بیٹے کو تین سو روپے ماہانہ ملتا تھا۔

۵؎ چند ادبی شخصیتیں۔ صفحہ ۲۴۴

شاہد صاحب کی تعلیم اپنے زمانہ کے اعتبار سے اس لائق ضرور تھی کہ وہ کسی اعلیٰ ملازمت کے مستحق قرار پائیں پھر بھی شروع شروع انھوں نے ریلوے کے محکمہ میں دو ماہ تک ملازمت ضرور کی اور پھر اس پیشہ سے کنارہ کشی اختیار کرلی ۔ انھوں نے ملازمت کے بجائے باپ دادا کے علمی کارناموں کی اشاعت کا کام سنبھالنے پر توجہ دینا زیادہ ضروری سمجھا۔ وہ یہ بھی جانتے ہوں گے کہ اپنے بزرگوں کی چھوڑی ہوئی کتابوں کو یکجا کر کے اگر کتب خانہ کا کام سنبھال لیا جائے تو وہ بھی منفعت بخش ہوسکتا۔ ہے چنانچہ ایسا ہی ہوا۔

اس زمانہ میں جیسا کہ ہم جانتے ہیں کہ اُردو میں صحافت نگاری کا سلسلہ کافی ترقی کر چکا تھا اور اس سے شہرت و اعزاز کے ماسوا ایک گو نا تجارتی نفع کا تصور بھی وابستہ ہو چکا تھا۔ اردو رسائل اور اخبارات گھروں میں پڑھے جاتے تھے اور ان کی رسائی شہر سے نکل کر قصبوں تک ہوگئی تھی ۔ ہندوستان کے متعدد شہروں سے اردو کے رسائل و اخبارات بڑی تعداد میں نکلتے تھے مگر دلی سے کوئی ایسا رسالہ نہ نکلتا تھا جو ادبی صحافت کے نئے تقاضوں کو پورا کرسکے ۔شاہد صاحب کو اس کمی کا شدید احساس ہوا۔ وہ لکھتے ہیں :

"میاں انصار ناصری (نبیرۂ میر ناصر علی) ...... نے ایک دن کہا کہ لاہور سے کیسے اچھے اچھے رسالے نکل رہے ہیں: 'ہمایوں'، 'نیرنگِ خیال'، 'عالمگیر' اور 'ادبی دنیا'، مگر دلی سے کوئی اچھا پرچہ نہیں نکلتا۔ یہ بات گھٹ میں اتر گئی اور اس پر آمادہ ہوگئے کہ رسالہ ہم نکالیں گے۔ فوراً جاننے اور نہ جاننے والوں کو خط لکھنے بیٹھ گئے کہ ہم ایک رسالہ نکال رہے ہیں اس کے لئے مضمون بھیجو ۔ نام بہت سوچے ۔میاں انصار ناصری نے کہا: ساغر ہے پیمانہ ہے صہبا ہے مگر ساقی نہیں ہے۔' میں نے کہا تو بس 'ساقی' ہی نکالیں گے۔ ڈکلیریشن لے لیا اور کام شروع کر دیا۔ رتی بھر تجربہ نہیں تھا۔ دوسرے کے سہارے کام شروع کر دیا۔

ڈھائی تین برس میں پچیس ہزار روپے کا گھاٹا ہوا۔ بڑے بھائی نے بلا کر پاس بک اور چیک بک حوالے کی اور کہا "تم جانو تمھارا کام" شاید دو ڈھائی ہزار روپے بنک میں باقی رہ گئے تھے۔ پریس اور واجبات ادا کرنے کے بعد کوئی پانچ سو روپے بچے۔ شام کو انصار ناصری اور فضل حق قریشی حسب معمول آئے تو انھوں نے مجھے خاموش اور افسردہ پایا۔ میں نے انھیں بتایا کہ ساقی بند کرنا پڑے گا۔ فضلِ حق نے کہا کہ یہ ممکن نہیں ہے کہ ساقی میں نقصان ہو۔ آپ حساب وکتاب خود سنبھالئے یہ سارا روپیہ خورد برد ہوا ہے اور واقعتاً اسی بچے ہوئے پانچ سو سے پرچہ چلتا رہا اور اس کی لوٹ پھیر سے میں نے کتابوں کا کام شروع کیا جو پندرہ سال میں بڑھ کر تقریباً سو کتابوں پر پہنچا اور روپے کی ریل پیل ہوگئی [1]

ماہنامہ ساقی کا اجراء :

جنوری ۱۹۳۰ء میں ماہنامہ "ساقی" کا پہلا پرچہ بڑے طمطراق سے منظرِ عام پر آیا۔ کوئی چار پانچ سال کی مدت میں اس رسالے میں ادبی حلقہ میں اپنی جگہ ضرور بنالی مگر جیسا کہ شاہد صاحب کی تحریر سے پتہ چلتا ہے مالی نقصان بھی ہوا۔ اس نقصان پر ایک طرف شاہد صاحب کے بھائیوں نے ان کی حوصلہ شکنی کی تو دوسری طرف ان کے دوستوں نے اپنی محنت اور جانفشانی نیز قلمی تعاون سے اسے جاری رکھنے میں بڑی مدد کی۔ ۱۹۴۷ء میں ساقی بکڈپو کی مالی حیثیت دو لاکھ تک پہنچ گئی تھی اور تقریباً پندرہ ہزار روپے ادیبوں اور شاعروں کو دی جانے والی پیشگی رقم علیحدہ تھی [2]

---

[1] نقوش آپ بیتی نمبر ص ۱۱۲۲

[2] چند ادبی شخصیتیں ص ۲۶۳

معاشی حالات کو بہتر بنانے کے علاوہ ۱۹۳۰ء سے ۱۹۴۷ء تک شاہد احمد ادبی خدمات کی انجام دہی میں بھی مصروف رہے۔ ان کی زندگی میں کئی بار اتار چڑھاؤ آئے۔ کامیابی کے بعد ناکامی اور ناکامی کے بعد کامیابی گویا ان کی حیات کا معمول بن کر رہ گیا تھا۔ عائلی زندگی کا مسئلہ ہو یا تعلیمی سلسلہ کاروبار نشر و اشاعت ہو یا زبان و ادب کا جذبۂ خدمت ہر ہر مقام پر انھیں آزمائشوں سے گذرنا پڑا۔

۱۹۴۷ء کا انقلاب :

شاہد صاحب کو اپنے کاروباری زندگی سے ابھی کچھ ہی فراغت اور آسودگی حاصل ہوئی تھی کہ حالات نے دوبارہ کروٹ لی۔ ۱۹۴۷ء کے انقلاب میں ان کا سارا کاروبار درہم برہم ہو گیا۔ بقول ان کے اس انقلاب کے زیر اثر انھیں نہ صرف اپنی جائداد سے ہاتھ دھونا پڑا بلکہ بنک میں جو رقم تھی اور جسے وہ محفوظ سمجھتے تھے وہ بھی ڈوب گئی۔

فرقہ وارانہ فسادات سے بہت سے اہل ملک اور اہل دلّی کی طرح شاہد صاحب بھی متاثر ہوئے۔ اس انقلاب کے نتیجہ میں دلّی میں ان پر کیا گذری خود انکی زبانی سنیے :

> "۵ ستمبر سے ۱۵ ستمبر تک ہم لوگ گھر میں مقید رہے۔ اس کے بعد ایک فوجی ٹرک میں رائفلوں کی حفاظت میں گھر سے نکل پرانے قلعہ میں کھلے آسمان تلے جا پڑے۔ تین دن تک اسی میں رہے۔ یہاں اسّی ہزار دلّی والے اس طرح بند تھے جیسے چوہے دان میں چوہے۔ شہر میں مسلمانوں کے محلے کے محلے صاف ہو چکے تھے ...... دو تین دن پرانے قلعہ میں رہنے کے بعد ہمیں ...... نظام الدین کے اسٹیشن پر پہنچا دیا گیا[1]"

شاہد صاحب کا یہ بیان کہ وہ ۵ ستمبر سے ۱۵ ستمبر تک گھر میں مقید رہے کلیتہ تسلیم نہیں کیا جا سکتا ہے۔ استاد چاند خاں کی ذاتی ڈائری جس میں وہ روزانہ کے

---

[1] نقوش آپ بیتی نمبر ص ۱۲۲-۱۲۳

واقعات پابندی سے درج کر لیا کرتے تھے نیز دیگر شواہد کی روشنی میں یہ بات سامنے آتی ہے کہ اس مدّت میں ان کا گھر سے باہر نکلنا اور ملنے جلنے والوں کے یہاں آنا جانا برابر جاری تھا۔ استاد چاند خاں اپنی ڈائری میں لکھتے ہیں :

" شاہد صاحب ملنے آئے ۔ ان کے ساتھ جامع مسجد تک گئے ۔ جامع مسجد میں سبزی منڈی کے پناہ گزین معہ اپنے بال بچوں کے بھرے ہوئے ہیں جو وہاں لٹ کر آئے ہیں ۔ ان کی حالت بڑی قابلِ رحم ہے ۔ جو کل بڑے بڑے مالدار تھے آج بیکسی کے حالت میں بھوک و پیاس کی تکالیف میں مبتلا ہیں ۔" [1]

استاد چاند خاں کی ڈائری سے یہ بھی پتہ چلتا ہے کہ شاہد صاحب ۱۵ ستمبر کو نہیں بلکہ ۲۲ ستمبر کو اپنے کنبے کے ساتھ پناہ گزینوں کے کیمپ میں پہنچے ۔ چاند خاں لکھتے ہیں :

" شاہد صاحب ملنے آئے اور پوچھا " آپ کی کیا رائے ہے ؟" ہم نے کہا بھائی ! اللہ تعالیٰ یہاں بھی ہے اور پاکستان میں بھی ۔ اور جب تک زندگی ہے کوئی کچھ بگاڑ نہیں سکتا اس لئے ہمارا ارادہ تو دلی سے باہر جانے کا نہیں ہے ۔ شام کو گھر آ کر تبادلۂ خیال کریں گے ۔

اور مغرب کی نماز جامع مسجد میں پڑھ کر جب ہم ان کے گھر گئے تو اہل محلہ سے معلوم ہوا کہ شاہد احمد صاحب بال بچوں سمیت پرانے قلعہ پناہ گزینوں کے کیمپ میں چلے گئے ۔" [2]

پاکستان روانگی :

دلّی سے لاہور کے لئے پہلی ٹرین غالباً ۸ راکتوبر کو روانہ ہونے والی تھی ۔

---

[1] ذاتی ڈائری ۔ استاد چاند خاں ۔ مورخہ ۲۵ رشوال مطابق ۱۲ رستمبر ۱۹۴۷ء

[2] . . . . . ۷ ر ذیقعدہ مطابق ۲۲ رستمبر ۱۹۴۷ء

شاہد صاحب بال بچوں سمیت اسی ٹرین سے پاکستان کے لئے روانہ ہوئے۔ پٹیالہ ریاست کے حدود سے گذرتے ہوئے رات کو ان کی گاڑی پر حملہ ہوا۔ تقریباً آدھے سے زیادہ مسافر موت کے گھاٹ اتار دیے گئے۔ کچھ لوگوں کا یہ بھی کہنا ہے کہ اس ٹرین کا صرف وہ ڈبہ حملہ آوروں کی زد میں نہ آسکا جس میں شاہد صاحب سوار تھے۔ غرضیکہ سفر کی ناقابلِ بیان اذیتوں اور پریشانیوں کو جھیلتے ہوئے وہ کسی طرح لاہور تک پہنچ گئے۔ اس سفر کا مفصل بیان انھوں نے "دلّی کی بپتا" "نیا دور فسادات نمبر" اور "نقوش" آپ بیتی نمبر میں الگ الگ کیا ہے۔

۱۹۴۷ء کے فسادات کے زیر اثر دراصل شاہد صاحب اپنے باپ دادا کی دہلیز کو چھوڑنا نہیں چاہتے تھے۔ ان کی سوتیلی ماں ممتاز جہاں بیگم اور ان کی اولادوں نے پہلے سے ہی یہ طے کر لیا تھا کہ کچھ ہو جائے مگر دلّی نہ چھوڑیں گے۔ مگر لوگوں کا کہنا ہے کہ شاہد صاحب کی بیوی عاصمہ بیگم اور ان کے ماموں بشیر الدین اس فیصلہ پر اڑے رہے کہ ہندوستان چھوڑ کر پاکستان کی شہریت اختیار کر لی جائے۔ بالآخر شاہد صاحب کو اپنا ارادہ بدلنا پڑا اور وہ پاکستان چلے گئے۔

لاہور میں شاہد صاحب کے بہنوئی ڈاکٹر اجمل حسین پہلے سے ہی سکونت پذیر تھے مگر ان کا مکان بہت چھوٹا تھا اور اتنی گنجائش نہ تھی کہ شاہد احمد اپنے کنبے کے ساتھ وہاں ٹھہرتے۔ اس خیال سے انھوں نے مناسب یہی جانا کہ اپنے ایک قریبی دوست کو ہی زحمت دی جائے چنانچہ اسٹیشن سے براہِ راست مشہور ادیب ایم۔ اسلم کے گھر پہنچے۔

ایم۔ اسلم ان کے ساتھ بڑی مہربانی سے پیش آئے۔ پہلے تو اپنے گھر میں ہی ان کے قیام کا بندوبست کیا اور کچھ دنوں کے بعد قریب کے ایک مکان میں مستقل جگہ دے دی۔ اس مکان میں وہ تقریباً دس ماہ تک ٹھہرے اور پھر کراچی منتقل ہو گئے۔

لاہور پہنچتے ہی شاہد احمد نے اپنی خیریت کا ایک خط استاد چاند خاں کو بھیجا جو انھیں ۲۵ ذیقعدہ مطابق ۱۱ اکتوبر ۱۹۴۷ء کو ملا۔ اسی دن دلی کے اخباروں میں

شاہد احمد کے انتقال کی جھوٹی خبر شائع ہوئی۔ استاد چاند خاں لکھتے ہیں:

"لاہور سے شاہد احمد صاحب کا خط آیا جس میں انھوں نے لکھا ہے کہ راستے میں ان کی ٹرین پر حملہ ہو گیا تھا مگر یہ اللہ کے فضل و کرم سے بچ گئے وہ لاہور میں بہت گھبرا رہے ہیں اور لکھا ہے کہ لاہور کی بھی حالت اچھی نہیں ہے۔

ایک صاحب اخبار لے کر آئے جس میں لکھا تھا کہ شاہد صاحب کی ٹرین پر حملہ ہوا اور وہ شہید ہو گئے۔ ہم نے شاہد احمد صاحب کے دوست (غالباً آزاد مرزا) کو شاہد احمد صاحب کا خط دکھا دیا۔ وہ بہت خوش ہوئے اور اخبارات میں انھوں نے جا کر اس کی تردید کرائی۔"[1]

شاہد صاحب کے انتقال کی اس جھوٹی خبر سے یقیناً دلّی والوں کو بہت رنج و ملال ہوا ہو گا مگر محمد آزاد مرزا جو دلّی میں ساقی کے دفتری امور انجام دیا کرتے تھے اور جنھیں خود شاہد صاحب بھی بہت عزیز رکھتے تھے کچھ زیادہ مغموم ہوئے۔ آج بھی ان کی محبت اور عقیدت کا یہ عالم ہے کہ شاہد صاحب کا نام آتے ہی آنسو بہانے لگتے ہیں۔ ہندوستان والے شاہد احمد کو کس قدر چاہتے تھے اس کا اندازہ راجہ مہدی علی خاں کی اس تحریر سے ہوتا ہے:

"ہزاروں سال پہلے جب آپ دلّی سے کھو گئے تھے اور آپ کی زندگی کے بارے میں خدانخواستہ بُری بُری افواہیں پھیل رہی تھیں۔ یہاں کے بہت سے لوگ آپ کے لیے بے حد متفکر اور دست بدعا تھے۔ بہت عرصے بعد ایک دن معلوم ہو گیا کہ آپ بفضلِ خدا خیریت سے ہیں اور پاکستان میں ہیں۔"[2]

---

[1] ذاتی ڈائری۔ استاد چاند خاں۔ مورخہ ۱۱ اکتوبر ۱۹۴۷ء

[2] چند ادبی شخصیتیں ص ۲۶۳

پاکستان جانے کے بعد شاہد صاحب نے اپنے خیرخواہوں کے علاوہ آزاد مرزا سے بھی خط و کتابت کا سلسلہ برابر جاری رکھا۔ آزاد مرزا کے مطابق ان کے ابتدائی خطوط وہ تھے جن سے ان کے اقتصادی مشکلات کا اندازہ بخوبی کیا جاسکتا تھا۔ افسوس کہ یہ خطوط محفوظ نہ رہ سکے۔ مرزا آزاد نے ان کا حوالہ دیتے ہوئے بتایا کہ شاہد صاحب نے اپنے ایک خط میں مجھے وہ رقمیں وصول کر کے پاکستان بھیجنے کی درخواست کی تھی جسے وہ بطور امانت دلّی میں چھوڑ گئے تھے۔ میں نے ان کی ہدایات کے مطابق یہاں سے کچھ رقم حاصل کر کے اور کچھ اپنی طرف سے ملا کر کسی ذریعہ سے پاکستان بھیج دی تھی۔

شاہد صاحب کے سوتیلے بھائی محمد مسلم کے مطابق "شاہد صاحب نے چند خطوط میری والدہ ممتاز جہاں بیگم کی خدمت میں بھیجے تھے جو میری نظر سے بھی گذرے تھے۔ ان خطوط میں خانگی حالات کے علاوہ دلی کی جائداد سے متعلق دستاویزاتی امور پر روشنی ڈالی گئی تھی تاکہ بچی کچی جائداد پھر سے اپنی ملکیت میں لائی جاسکے اور معاشی زندگی بہتر بنائی جاسکے۔"

آزاد مرزا کے مطابق مبشر احمد نے بھی جو ان دنوں حیدرآباد دکن میں رہتے تھے اپنے غریب الوطن بھائی کی پریشانی سن کر سات ہزار کی رقم شاہد صاحب کو بھیجی جس کی مدد سے انھوں نے کراچی میں پیر الٰہی بخش کالونی والا مکان اپنے نام کرالیا مگر محمد مسلم کے مطابق یہ مکان پہلے ہی سے مبشر احمد کی ملکیت میں تھا اور معاشی حالات سے آسودگی کے بعد اس مکان کا معاوضہ دے کر شاہد صاحب نے اپنے نام کرالیا تھا۔

پاکستان میں تقریباً دو سال تک اِدھر اُدھر کی خاک چھانتے رہے مگر کوئی معقول ذریعہ معاش نہ مل سکا۔ آخر کار قسمت نے یاوری کی اور کراچی ریڈیو اسٹیشن پر ملازمت مل گئی جہاں وہ موسیقی کے سپروائزر بنائے گئے۔ شاہد صاحب لکھتے ہیں:

"دو سال کی بے کاری میں سارا اندوختہ ختم ہو چکا تھا چند ہمدرد دوستوں کو معلوم ہوا تو انھوں نے ریڈیو پاکستان میں نگران موسیقی

رکھوا دیا۔ میری دوسری بیوی میٹرک پاس تھیں۔ انھوں نے ایک اسکول میں نوکری کرلی اور شام کو ایک کالج میں پڑھنے بھی لگیں۔ انھوں نے چپ چپاتے چھ سال میں ایم۔ اے کرلیا۔ خدا کے فضل سے ایک آسودہ گھر کی صورت بن گئی [1]"

پیر الٰہی بخش کالونی کے مارٹن کوارٹر ۵۰ کا حال شاہد صاحب یوں بیان کرتے ہیں:

"ذرا تصور کیجیے۔ دو کمروں کے مارٹن کوارٹر میں چوبیس افراد کا کنبہ، سامان کمروں اور برآمدوں میں سے ابل کر سڑک پر آگیا تھا۔ پاس پڑوس والے ہنستے تھے کہ یہ کباڑیے کہاں سے آگئے۔ اس کوارٹر کے برآمدہ کے ایک گوشے میں ساقی کا دفتر بھی قائم کر دیا تھا۔ دن بھر تو یہ جگہ دفتر بنی ہوتی مگر رات کو اس میں سونے والے پڑ رہتے۔ یہ کوارٹر اس احتیاط سے بنائے گئے تھے کہ ان میں پانی اور بجلی کا گذر نہ ہونے پائے۔ باہر کہیں کہیں نل لگا دیئے گئے تھے کہ پو پھٹنے سے پہلے کسی کا جی چاہے تو پانی بھر لے۔ رات کو ریوڑی والے کے چراغ کی طرح لالٹین جلا کر اپنا جی خوش کرلو۔ ہنسی کی ہنسی دکھ کا دکھ۔ اتنی شدید آبادی ہونے پر بھی ذرا چہل پہل نہیں تھی۔ دن بھر ہُو کا عالم اور شام ہوتے ہی مرمری پھیل جاتی۔ کسی کو کسی کی خبر نہیں۔ سب اپنا اپنا آپا تک رہے تھے۔ دراصل جھٹکا ہی ایسا لگا تھا کہ لوگ اب تک اس سے سنبھل نہ سکے تھے۔ بھانت بھانت کا آدمی ہندوستان چھوڑ کر پاکستان چلا آرہا تھا۔ اس ریلے میں ہم بھی گرتے پڑتے پہنچ گئے تھے [2]"

ا۔ نقوش آپ بیتی نمبر ص ۱۱۲۳-۲۴

۲۔ چند ادبی شخصیتیں ص ۲۳۱

شاہد صاحب اسی جگہ اپنی باتوں کا سلسلہ جاری رکھتے ہوئے مہاجرین کا ذکر اس طرح کرتے ہیں :

"مگر عجیب معاملہ تھا کہ جتنے اُدھر سے آتے تھے ان میں لکھ پتی سے کم کوئی نہیں تھا۔ حد یہ ہے کہ جنھیں میں اچھی طرح جانتا تھا وہ بھی اپنے آپ کو دلّی کے رؤساء میں سے بتاتے تھے اور ستم یہ کہ اپنے تمول کی شہادت مجھ سے دلواتے تھے۔ مجھے مسخرہ پن سوجھتا تو کہتا "جی نہیں رئیس نہیں رئیس اعظم"۔ وہ کھل جاتے تو میں دبی زبان سے کہتا: "دلّی میں فقیر تو صرف ایک میں تھا" اس پر ایک قہقہہ پڑتا اور ان کی رئیسی ہنسی میں اڑ جاتی۔ بڑا لطف آ رہا تھا اس نئی زندگی میں۔ ہم نے اچھا وقت دیکھا تھا تو کیا بُرا وقت دیکھنے کے لئے کوئی اور آتا۔ وہ بھی دیکھا یہ بھی دیکھ..... لہٰذا ہمارا عمل "مرتے جائیں ملہار گائیں"۔ پر رہا عاشق کا جنازہ تو ذرا دھوم سے نکلنا چاہیئے۔ ہم ہنس ہنس کر اپنے نیل اڑاتے رہے اور گا گا کر اپنے غم بھلاتے رہے۔" [1]

"میں اپنے کوارٹر کے آگے چارپائی بچھائے بیٹھا ہوا تھا ایسے میں مجھے شیکسپیئر کا ایک فقرہ ضرور یاد آجاتا تھا "میں اپنے غموں کے ساتھ یہاں بیٹھا ہوا ہوں۔ بادشاہوں سے کہو کہ یہاں آئیں اور مجھے تعظیم دیں"۔ نہ جانے کیوں مجھے اس فقرہ سے بڑی تسلّی ہوتی تھی۔ مجھے بالکل شرمندگی نہیں ہوتی کہ میں کھری چارپائی پر تہمد اور بنیاتن پہنے بیٹھا ہوں۔" [2]

---

[1] چند ادبی شخصیتیں ص ۲۳۱-۳۲

[2] ایضاً ص ۱۳۲

شاہد احمد اور رسالہ ساقی

شاہد صاحب نے جنوری ۱۹۳۰ء میں دلّی سے ایک رسالہ جاری کیا جس کا نام انھوں نے اپنے دوستوں کے مشورہ پر "ساقی" رکھا۔ صحافت کے میدان میں اگرچہ وہ بالکل ناتجربہ کار تھے مگر کوئی چار پانچ سال کی مدّت میں ان کے ماہنامے نے ادبی حلقوں میں اپنی جگہ بنالی۔ ابتداء میں مالی اعتبار سے یہ رسالہ کافی نقصان کے ساتھ چلا جس کا اہتمام شاہد صاحب کے ماموں (اشرف صبوحی) کرتے تھے۔ شاہد صاحب کے بیان کے مطابق ایک دن ان کے ماموں نے بتایا کہ اب تک اس پرچہ پر پچیس تیس ہزار روپے ضائع ہو چکے ہیں اور اگر یہی صورتِ حال رہی تو باقی بچا ہوا روپیہ بھی یونہی نکل جائے گا۔[1]

شاہد صاحب کے بھائیوں نے بھی اس نقصان پر انھیں توجہ دلائی اور ان سے بہت اختلاف کیا لیکن وہ اپنے ارادہ پر قائم رہے اور ساقی کا تمام تر انتظام خود ہی کرنے لگے۔ انھوں نے اپنے کاروبار کو نقصان سے بچانے کے لئے کتابوں کی اشاعت کا کام بھی شروع کیا جس میں بالعموم ہمعصر ادیبوں کی تخلیقات کو ہی ترجیح دی جاتی تھی۔ ان کی انتھک محنت اور لگن کی وجہ سے جلد ہی ساقی بکڈپو کی مالی حالت میں بہتری آگئی۔ شاہد صاحب کے مطابق ڈوبتا ہوا کاروبار

---

[1] چند ادبی شخصیتیں ص ۲۶۳

اتر گیا اور ۱۹۴۷ء میں ان کی مالی حیثیت دو لاکھ کی تھی اور پندرہ ہزار روپے ادیبوں اور شاعروں کی طرف بطور پیشگی باقی تھا۔[1] یہ وہ رقم تھی جن سے ادیبوں اور شاعروں کی ادبی تخلیقات حاصل کرنے کے مقصد سے بطورِ پیشگی دی گئی تھی۔

شاہد صاحب نہ صرف یہ کہ ادبی خدمت انجام دینے میں اپنی مستعدی دکھاتے رہے بلکہ ساتھ ہی ساتھ اہل فن کی بر وقت مالی امداد کر کے انھیں ان کی پریشانیوں سے نجات دلاتے رہے۔ شاہد صاحب کے نام بھیجے گئے راجہ مہدی علی خاں کے ایک خط سے اس بات کی توثیق ہوتی ہے۔ وہ لکھتے ہیں:

"مجھے اچھی طرح یاد ہے کہ جب بھی کوئی ادیب کسی بہت بڑی مالی پریشانی میں مبتلا ہوا بھاگا ہوا آپ کے دروازہ پہنچا اور ہنستا ہوا واپس آگیا کہ میں اپنا مسودہ شاہد صاحب کو دے کر پیسے لے آیا ہوں۔ شاہد صاحب کا در ایک ایسا در تھا جس سے ہر وقت ضرورتمند ادیبوں کی ضرورتیں خدا پوری کر دیا کرتا تھا"[2]

شاہد صاحب کے زمانہ میں ادیبوں کی اس طرح سرپرستی کرنا اور انھیں سہارا دینا بڑی حوصلگی اور عالی ہمتی کی بات سمجھی جاتی تھی۔ شاید یہی وہ کریم النفسی تھی جو انکی شہرت و مقبولیت میں بڑی حد تک معاون ثابت ہوئی۔ راجہ مہدی علی خاں کے مطابق جب وہ "مضراب" کا مسودہ لے کر شاہد صاحب کے پاس گئے اور انھوں نے اپنی ضرورت کے مطابق بطور پیشگی تین سو روپئے طلب کئے تو شاہد صاحب نے یہ رقم بے تامل انھیں عنایت کر دی اور اس کی رسید تک نہ لی۔[3]

ساقی کی اشاعت سے قبل یوں تو دلی سے کئی ادبی رسائل نکلتے تھے مگر ان کا معیار بلند نہ تھا چنانچہ اس کمی کو دور کرنے کے لئے شاہد صاحب نے مناسب

---

[1] چند ادبی شخصیتیں ص ۲۶۳ [2] چند ادبی شخصیتیں ص ۲۶۵

[3] 〃 〃 〃 ص ۲۶۵

حالات وضروریاتِ وقت کے مطابق ایک ایسا علمی وادبی رسالہ جاری کیا جس میں اچھے لکھنے والوں کے مضامین ہوں ان کا نصب العین یہ تھا کہ ساقی ایک ایسا مجلہ ہو کہ ہر شخص اس کے مطالعہ سے مستفید ہو۔ اس اعتبار سے ساقی نے اپنی پہلی ہی اشاعت میں لوگوں کو چونکا دیا۔ یہ رسالہ عام روش سے ہٹ کر پاکیزہ ادب کا نمائندہ بن کر منظر عام پر آیا۔

کسی رسالہ کے ابتدائی مرحلوں میں صفِ اوّل کے مصنفین کا تعاون حاصل کرنا دشوار ہوتا ہے مگر شاہد صاحب کو اعلیٰ درجہ کے مضامین حاصل کرنے کا جنون تھا اور اس میں وہ شروع سے ہی کامیاب ہوتے۔ شاہد صاحب کے مزاج میں جدّت تھی اور نیا ادبی سلیقہ تھا۔ اس کا اندازہ اس بات سے بھی ہوتا ہے کہ انھوں نے شذرات یا اداریے کو "نگاہِ اولین" کا عنوان دیا اور اس میں بعض نئے مباحث کا آغاز کیا جن پر ان کے زمانہ میں بہت کم توجہ دی جاتی تھی۔

شاہد صاحب ادبی صحافت کے مردِ میدان نہ تھے مگر اس میدان میں انھوں نے بہت جلد اپنا سکہ جمالیا۔ اس سے بھی بڑی بات ان کی وہ حوصلہ مندی تھی جس کے سہارے انھوں نے اس کاروبارِ ادب کو چلایا اور کامیابی کی منزلوں تک پہنچایا۔ اس سلسلے میں علّامہ راشد الخیری کے حوالہ سے صادق الخیری نے جو تبصرہ کیا ہے وہ ایک اہم دستاویز ہے۔ لکھتے ہیں:

> "علّامہ راشد الخیری کو 'مخزن' اور پھر 'تمدّن' کی ادارت کے زمانہ میں بلند پایہ ادب مہیّا کرنے میں جو عرق ریزی کرنی پڑی اور صحافت کی اس دشوار گذار وادی کے جو تلخ تجربے ہوئے ان کی بنیاد پر وہ شاہد صاحب کے مداح تھے۔ وہ اکثر کہا کرتے تھے کہ شاہد احمد نے یہ جانتے ہوئے بھی کہ خالص ادبی رسالہ معاش کا ذریعہ نہیں بن سکتا ساقی نکال کر بڑے حوصلے کا ثبوت دیا ہے"[1]

---

[1] ساقی کراچی نمبر۔ مضمون صادق الخیری ص ۱۸-۱۷

شاہد صاحب نے اپنی زندگی کا بیشتر حصہ ساقی کے لئے اعلیٰ مضامین اور اچھے مضمون کی تلاش میں صرف کیا۔ اس مدّت میں بے شمار اہل قلم سے ان کے ادبی تعلقات قائم ہوئے اور وہ وقت بھی آیا کہ نئے تعلقات پیدا کرنے سے وہ جی چرانے لگے۔ ساقی کی بڑھتی ہوئی مقبولیت اور روز افزوں ترقی نے جہاں انگنت ادیبوں اور ادب نوازوں کو اپنا مداح بنا لیا وہاں اس کے بعض نکتہ چیں اور مخالف بھی ابھر کر سامنے آئے۔ اسی طرح چند لوگ ایسے بھی تھے جو کسی ذاتی مفاد کی خاطر ساقی کی حمایت۔ یا اس کی مخالفت میں دلچسپی رکھتے تھے۔

شاہد صاحب میں انتظامی صلاحیّت کی کمی تھی اور اسی وجہ سے انہیں نقصان بھی اٹھانا پڑا تھا مگر ان کا ہاتھ بٹانے میں جو لوگ خلوص دل سے شاہد صاحب کے دستِ راست بنے انھیں فراموش نہیں کیا جا سکتا۔ ان کے سب سے مخلص دوست میاں انصار ناصری اور فضلِ حق قریشی تھے۔ ان لوگوں نے ساقی کو کامیابی سے آگے بڑھانے میں غیر معمولی خدمات انجام دیں۔ ممتاز حسین کے علاوہ پیر ولایت اور مرزا آزاد اگرچہ ادیب نہ تھے لیکن دفتری اُمور میں خصوصی تعاون دینے کے مصداق تھے۔

شاہد صاحب کی طبیعت میں اُپج تھی اس لئے انھوں نے اپنے قریبی دوستوں کے تعاون سے ساقی کے لئے نہ صرف نئے نئے منصوبے بنائے اور نئی راہیں تلاش کیں بلکہ تحقیق اور جستجو سے بھی کام لیا۔ انھوں نے اپنے رسالہ میں ادبی رسالوں اور تازہ مطبوعات پر تنقید و تبصرہ کا ایک نیا سلسلہ شروع کیا۔ اہلِ ذوق نے اس سلسلے کو بڑی قدر کی نگاہ سے دیکھا۔ یہ وہ دور تھا جب شاہد صاحب جوان تھے۔ ان کی رگوں میں گرم خون تھا۔ کسی ادب یا ادیب کے متعلق جو بھی رائے وہ قائم کر لیتے تھے بغیر کسی رُو رعایت کے لکھ ڈالتے تھے۔ انھوں نے اس کی کبھی پروا نہ کی کہ ان کے اس عمل سے ادیبوں کی اچھی خاصی تعداد ان کی مخالف ہو جائے گی اور اس کا اثر ان کے رسالے پر بھی پڑے گا۔

اپنے ایک اداریہ میں وہ لکھتے ہیں :

"ساقی کا خیر مقدم جس فراخ دلی سے کیا گیا ہے وہ ہمارے لئے نہایت حوصلہ افزا ہے ۔(اس سلسلے میں) جہاں مبارکباد کے سینکڑوں خطوط ملے ہیں وہاں دو چار معترضین کے خطوط بھی آئے ہیں ۔جس طرح انسان کے سو دوست اور سو دشمن ہوتے ہیں اسی طرح ساقی کے موافقین اور مخالفین کی بھی ایک بڑی جماعت ہے[1]"

شاہد صاحب کی یہ کوشش تھی کہ ساقی کے ذریعہ ایسا ادب وجود میں آئے جو ضرورتِ وقت کے مطابق ہونے کے ساتھ ساتھ معیاری بھی ہو ۔چنانچہ انھوں نے اس ماہنامہ میں وہی مضامین شامل کئے جن میں کوئی نہ کوئی ادبی محاسن ضرور تھے ۔اردو زبان وادب میں دنیا کی دیگر زبانوں کی ادبی خوبیاں منتقل کرنے کے لئے انھوں نے تراجم پر بھی زور دیا ۔شاہد صاحب چونکہ خود بھی انگریزی ادب سے غیر معمولی دلچسپی رکھتے تھے اس لئے اس زبان کی تخلیقات کو اُردو میں منتقل کرنے پر انھوں نے خصوصی توجہ دی ۔

شاہد صاحب ایک نیک دل آدمی تھے اس لئے وہ ساقی کو سیکولر بنانے میں بھی مصروف رہے ۔انھوں نے اپنے رسالہ میں جہاں توصیفی مواد شامل کئے وہاں ان اعتراضات کو بھی جگہ دی جو وقتاً فوقتاً ساقی یا اس کے کسی مضمون کے متعلق کئے گئے تھے ۔یہاں ان خیالات کا مختصر ذکر بے جا نہ ہو گا ۔

پروفیسر اکبر حیدری نے اپنے تاثرات کا اظہار ان الفاظ میں کیا ہے :

"دلی کا ادبی جمود اربابِ نظر سے پوشیدہ نہیں .... شاہد صاحب کی یہ ہمت یقیناً قابلِ داد ہے کہ انھوں نے اپنے وطن کی دیرینہ روایات کو قائم رکھنے کے لئے اور اپنی زبان کے تحفظ کے لئے ایک ادبی رسالہ

---

[1] ساقی اپریل ۱۹۳۰ء "نگاہِ اولین"

کی اشاعت کی تمام ذمہ داری اپنے سرلی ...... لیکن میں اپنے عزیز دوست کو یہ بتانا چاہتا ہوں کہ مالی نقطہ نظر سے ساقی کی اشاعت کبھی فائدہ مند نہیں ہو سکتی۔"[1]

ایڈیٹر رئیس ہند نے ساقی کو اپنے زمانہ کے جملہ رسالوں میں منفرد قرار دیتے ہوئے یہ لکھا ہے:

"ساقی ہند کی تمام ادبی محفلوں میں مدعو کرنے کے قابل ہے۔ حکیم محمد شمس الاسلام کے مطابق خاک دہلی سے مرحوم "مخزن" اور "صلائے عام" کے بعد اس شان کا رسالہ آج تک نہیں نکلا۔"

پروفیسر ضیا احمد نے ساقی کے ادبی محاسن کا اعتراف کرتے ہوئے یہ کہا کہ "درحقیقت دہلی میں ...... ایک خالص ادبی رسالے کی کمی تھی" نیرّ دہلوی نے دلّی کی ٹکسالی زبان لکھنے والوں خصوصاً ڈپٹی نذیر احمد کی خدمات کی طرف اشارہ کرتے ہوئے نہایت مناسب بات کہی ہے۔ ان کا کہنا ہے کہ "ادبی رسائل کا اجراء اور قیام ایسے ہی افراد کے ہاتھوں میں آنا چاہیئے جن کی گھٹیوں میں اردو پڑی ہو یا یوں کہیئے کہ زبان دانی وراثت کے طور پر ملی ہو۔"

"ساقی" سے پہلے عموماً رسالوں کے خصوصی نمبر بھی شائع ہوتے تھے لیکن ان کی نوبت کبھی کبھی آتی تھی۔ اس کے برخلاف ساقی نے جنم لیتے ہی سال میں چار چار خصوصی شمارے شائع کرنے کا اہتمام کیا جن میں "دلّی نمبر" جاپان نمبر، قرآن نمبر، افسانہ نمبر، اور جوش نمبر وغیرہ قابلِ ذکر ہیں۔

افسانہ نمبر سے متعلق "ندیم" گیا کا یہ تبصرہ ملاحظہ کیجیئے:

"اس نمبر میں بلند پایہ فلسفیانہ اور نفسیاتی افسانے اور اعلیٰ درجہ کی دلکش نظمیں موجود ہیں۔ حقیقت یہ ہے کہ ایسے اعلیٰ درجہ کے مضامین

---

[1] ساقی اپریل ۱۹۳۰ء "نگاہِ اولین"

شائع کرنا اور اردو ادب میں بیش بہا اضافہ کرنا ہے۔ ساقی کا جو ادبی معیار ہے وہ ہمیں انگریزی کے اعلیٰ درجہ کے رسالوں کی یاد دلاتا ہے۔[1]

پاکستان بننے کے بعد جب ترقی پسندوں نے واویلا مچائی اور اپنے سے جدا نظریہ رکھنے والوں کو رجعت پسند اور قدامت پرست قرار دیا تو لاہور کے جلسہ میں ماہنامہ ساقی کے خلاف بھی قرارداد پاس ہوئی۔ ساقی اور ادارہ ساقی کو رجعت پسند ٹھہرایا گیا۔ اسے رجعت پسند کہنے اور اس کا بائیکاٹ کرنے میں وہ لوگ بھی شامل تھے جنھیں ساقی اور شاہد صاحب کے توسل سے شہرت ملی تھی یا ان کی ادبی حیثیت قائم ہوئی تھی۔ بات صرف اتنی تھی کہ ساقی میں عسکری صاحب جھلکیاں لکھتے تھے اور اس میں کھری کھری باتیں کہتے تھے۔ ان کی زد میں ترقی پسندوں کے محدود نظریات بھی آگئے تھے ساتھ ہی ادب میں سطحی سیاست غلط پالیسی اور پروپیگنڈہ کا ذکر بھی آیا۔ ترقی پسندوں کو یہ بات ناگوار گذری اور ساقی مطعون ہوا۔ سب نے لکھنا چھوڑ دیا۔ اس کا سب سے بڑا فائدہ یہ ہوا کہ ترقی پسندوں کو یہ احساس ہوگیا کہ کسی رسالہ کا بائیکاٹ کرنے سے اس کی اشاعت و مقبولیت کس حد تک متاثر ہو سکتی ہے۔ شاہد صاحب کے مطابق ساقی کی پالیسی ہمیشہ یہ رہی کہ زیادہ سے زیادہ مختلف الخیال قسم کے مضامین اور نظریات پیش کیے جائیں تاکہ اس تنوع سے ادب صحیح معنوں میں ترقی کر سکے۔ مثال کے طور پر انھوں نے ایسے مضامین شائع کیے جو خود ادارہ کے ایک اہم شخص عسکری صاحب کے خلاف تھے۔ انتظار حسین صاحب نے عسکری صاحب کے خلاف سخت مضمون لکھا وہ بھی ساقی میں چھپا اور اس کی پذیرائی ہوئی۔

ڈاکٹر جمیل جالبی نے شاہد صاحب کے حوالے سے یہ کہا ہے کہ "ادب کو کبھی بھی کسی سیاسی جماعت کا ہرکارہ نہیں بننا چاہیے"[2] ترقی پسندوں کو

---

[1] ساقی ناصر نذیر فراق نمبر ستمبر ۱۹۳۳ء ص۷

[2] نقوش شخصیات نمبر ص ۶۹۱

اپنی کوتاہی کا احساس ہوا تو کراچی میں ایک جلسہ ہوا جس میں اس غلطی کا اعتراف کیا گیا۔ درحقیقت شاہد صاحب کو ترقی پسند جماعت سے الگ نہیں کیا جا سکتا۔ جب اس تحریک کی بنیاد قائم ہوئی اور انجمن ترقی پسند مصنفین دلّی میں قائم ہوئی تو شاہد صاحب ایک زمانہ تک اس کے جنرل سکریٹری تھے۔ اور انھوں نے ساقی کے ذریعہ ترقی پسند ادب کا دل کھول پرچار کیا۔

شاہد احمد اور موسیقی

شاہد احمد کا تعلق دتی کے اس گھرانے سے تھا جہاں موسیقی سے دلچسپی رکھنا عیب نہیں تھا لیکن اس میدان میں فنی مہارت حاصل کرنا خاندانی تہذیب و شرافت کے خلاف سمجھا جاتا تھا۔ نذیر احمد کے بیٹے مولوی بشیرالدین احمد نے اپنی زندگی کے ابتدائی دور میں خاندان کی اس روایت کو کسی حد تک برقرار رکھا مگر آگے چل کر انھوں نے آزادخیالی کی راہ اپنالی چنانچہ رقص و سرور کی محفلوں میں شریک ہونا یا ان محفلوں کو اپنے یہاں برپا کرنا ان کے نزدیک عیب یا کوئی برائی نہ رہ گئی تھی۔ شاہد صاحب لکھتے ہیں:

> "دادا ابا (نذیر احمد) خاصے کٹر مولوی تھے۔ وہ دین کے آگے دنیا کی پروا نہیں کرتے تھے۔ ابا (بشیرالدین احمد) دین اور دنیا دونوں رکھتے تھے۔ تھیٹر اور سنیما دونوں دیکھتے تھے اور ہمیں بھی دکھاتے تھے۔"[1]

متذکرہ بالا بیان سے شاہد صاحب کا مطلب صاف ظاہر ہے۔ یعنی وہ اپنے دادا کو "خاصے کٹر مولوی" کہہ کر یہ بتانا چاہتے ہیں کہ ڈپٹی نذیر احمد بڑے مذہبی خیال کے آدمی تھے اس لئے تھیٹر اور سنیما دیکھنا ان کی عادت نہ تھی مگر بشیرالدین احمد کے یہاں یہ تفریح پسندیدہ تھی۔ ان کے یہاں شادی بیاہ کے موقعوں پر بھانڈوں اور طوائفوں کے ناچ بھی ہوا کرتے تھے۔ ان حقائق کا اعتراف کرتے ہوئے

---

[1] چند ادبی شخصیتیں ص ۹۲

شاہد صاحب اس نتیجہ پر پہنچے کہ ان کے باپ کسی قدر آزاد خیال مولوی تھے۔ بشیر الدین احمد سے قربت رکھنے والوں کو ان کی یہ آزاد خیالی ناگوار گذری تھی۔ ان لوگوں میں اکثریت انھی لوگوں کی تھی جن پر مذہبی رنگ زیادہ غالب تھا۔ اس سلسلے میں پیش آنے والے ایک واقعہ کا ذکر شاہد صاحب اس طرح کرتے ہیں:

> "ہمارے ایک دُور پَرے کے عزیز جو بڑے کٹر اہلِ حدیث ہیں یوں تو ابا کے پاس ہمیشہ آتے جاتے رہتے تھے مگر ان کے جنازہ میں نہیں دکھائی دیئے۔ بعد میں انھوں نے بڑے بھائی سے کہا "بھائی بشیر رنڈی کا ناچ دیکھتے تھے اس لئے میں ان کے جنازہ میں شریک نہیں ہوا۔"[1]

بشیر الدین احمد ناچ گانوں کو کس حد تک خلافِ دین و مذہب سمجھتے تھے یا یہ کہ اسلام میں دینی تعلیم کے ساتھ ساتھ موسیقی کا درس بھی لازمی ہے اس بحث سے قطع نظر یہاں صرف اتنا ہی کہنا ہے کہ بشیر الدین احمد ممکن ہے فنِ موسیقی میں کمال حاصل کرنا اور پھر اسے بطور پیشہ قبول کرنا پسند کرتے ہوں مگر اس طرح کی محفلوں سے وابستگی اختیار کرنا ان کے نزدیک معیوب نہ تھا۔ ہو سکتا ہے کہ انھوں نے ان تفریحات سے دلچسپی لینے کا جواز تلاش کر لیا ہو اور ان کی دانست میں بزرگانِ دین کی چند ایسی مثالیں موجود ہوں جنھوں نے دینی علوم کے ساتھ ہی ساتھ موسیقی میں بھی کمال حاصل کیا۔ یہ وہی لوگ ہیں جن کی کوششوں کے نتیجہ میں ہندوستان میں بھی دینی تعلیم گاہوں میں موسیقی کا درس دینے کا رواج ہوا۔ مُلّا نظام الدین سہالوی جنھوں نے "درس نظامی" کی تشکیل دی اور جسے ہندوستان میں بڑی مقبولیت حاصل ہوئی، اپنے نصاب میں موسیقی کو بھی جگہ دی۔ علّامہ شبلی لکھتے ہیں:

---

[1] چند ادبی شخصیتیں ص ۹۲

"بحرالعلوم نے اپنے زمانہ کے نصاب کی جو تفصیل بیان کی ہے اس سے معلوم ہوتا ہے کہ موسیقی بھی داخل درس تھی۔ عبدالاعلیٰ فرنگی محلی نے قطبیہ کے مقدمہ میں جن درسی کتابوں کی فہرست دی ہے اس میں بھی رسالہ موسیقی کا ذکر ہے۔ بظاہر یہ عجیب سی بات معلوم ہوتی ہے کہ عربی اور دینی مدارس میں موسیقی داخلِ نصاب ہو لیکن عربوں کو ہمیشہ موسیقی سے دلچسپی رہی ہے۔ کتاب الاغانی اور عقد الفرید جیسی کتبِ قدیمہ میں اس دلچسپی کی شہادت مل جائے گی۔ ابن خلیکان نے لکھا ہے کہ عرب میں موسیقی کی تعلیم ریاضیات کے جزو کی حیثیت سے دی جاتی تھی"[1]

"ہندوستان ایران اور ماوراءالنہر میں بھی کیا درس نظامی کی تشکیل کے پہلے اور کیا بعد، موسیقی کا شمار علوم فلسفہ میں ہوتا تھا۔ نہ صرف حکمائے یونان و ہند بلکہ علمائے اسلام نے بھی اس موضوع پر کتابیں تصنیف کی ہیں۔ علماء کی صفوں میں بھی کئی بزرگ موسیقی کا درک رکھتے تھے۔ شیخ ضیاءالدین بخشی (بدایونی) کو طب کے ساتھ ساتھ موسیقی میں بھی دستگاہ تھی"[2]

"امیر خسرو اور خواجہ میر درد کی موسیقی دانی تو شہرۂ آفاق ہے ملا عبدالقادر بدایونی جو تمام علمائے وقت کے کٹر ناقد اور محتسب تھے خود بین بجانا جانتے تھے"[3]

"مولانا شاہ عبدالعزیز تک کے متعلق مستند ذرائع سے یہ بات نقل کی جاتی ہے کہ فنی حیثیت سے آپ کا شمار موسیقی کے ماہرین میں تھا۔

---

[1] فکر و ریاض۔ علی جواد زیدی ص۱۴۰ بحوالہ المنہاج صوفی ص۳۵

[2] ایضاً ص۱۴۱ بحوالہ روضۃ الاولیاء ص۶۶

[3] ایضاً . بحوالہ مآثر الکرام دفتر اول

جس کی تصدیق ملفوظاتِ عزیزیہ کے مختلف مقامات سے ہوتی ہے۔[1]

"بعض لوگوں کو یہ تعجب ہوگا کہ اورنگ زیب کے زمانہ میں بھی جب کہ موسیقی کو بہت گہرا دفنا دیا گیا تھا موسیقی کس طرح داخلِ نصاب رہ گئی تھی۔ میر عبدالجلیل بلگرامی جو اسی عہد کے ایک ثقہ بزرگ تھے انھوں نے بھی فنِ موسیقی میں عالمانہ شان پائی تھی"۔[2]

متذکرہ بالا عبارتوں کی روشنی میں موسیقی کے سلسلہ میں حتمی رائے قائم کرنا بہت مشکل ہے اور شاید اسی وجہ سے بشیرالدین احمد نے موسیقی سے دلچسپی لینا اپنے لئے جائز سمجھا ہو اور دنیا والوں کی ناگواری کا سبب بننے کی کوئی پروانہ کی ہو۔

شاہد صاحب کی تحریروں سے اندازہ ہوتا ہے کہ ان کے خاندان میں نذیر احمد تک موسیقی کا دور دور تک کوئی نام لیوا نہیں تھا مگر ان کے والد نے اس فن کو آلۂ تفریح سمجھ کر اپنے ذوق کی تسکین کی۔ اس طرح یہ کہنا نامناسب نہیں ہوگا کہ شاہد صاحب کو موسیقی کی طرف مائل ہونے کی ترغیب اپنے گھر سے ہی ملی مگر اس سلسلے میں شاہد صاحب کا بیان مختلف ہے۔ وہ لکھتے ہیں:

"خدا جانے موسیقی کا شوق کہاں سے مجھے لگا۔ مولویوں کا خاندان دُور دُور تک گانے بجانے کا چرچا نہیں مگر سنتے آئے ہیں اولیا کے گھر بھوت پیدا ہو جاتے ہیں شاید یہی بات ہو گئی"۔[3]

شاہد صاحب نے اپنی کم عمری سے ہی موسیقی سیکھنا شروع کر دیا تھا۔ انھیں جب بھی موقع ملتا تعلیمی مصروفیات سے وقت نکال کر موسیقی دانوں کی صحبت اختیار کر لیتے تھے اور ان سے فنی رموز اور طریقہ ریاضت پر تبادلہ خیال کرتے تھے۔ شاہد صاحب بلا کے ذہین تھے چنانچہ کچھ ہی دنوں کی مشق میں خاصی مہارت حاصل

1۔ ہندوستان میں مسلمانوں کا نظم تعلیم و تربیت۔ مناظر احمد گیلانی ص ۱۶۲ (جلد اول)
2۔ فکر و ریاض ص ۱۴۱
3۔ چند ادبی شخصیتیں ص ۲۶۸

ہوگئی۔شاہد صاحب، کا بیان ہے کہ:

"(میں نے) سولہ سال کی عمر سے کلاسیکی موسیقی اچھے استادوں سے سیکھنی شروع کر دی تھی۔ خاندان والے ناراض تھے کہ یہ کیا بیہودہ شوق لگایا ہے۔ میں بھی سوچتا تھا کہ موسیقی اور وہ بھی کلاسیکی موسیقی سے کیا حاصل ہو گا؟ اب اندازہ ہوتا ہے (یعنی پاکستان جانے کے بعد) اگر میرے پاس موسیقی کا علم و فن نہ ہوتا تو خدا جانے یہاں میرا حشر کیا ہوتا۔" [1]

کہتے ہیں کہ میٹرک کرنے کے بعد شاہد صاحب سب سے پہلے استاد بھلّاّمل جن کا مکان نئی سڑک دلّی میں واقع تھا کی خدمت میں حاضر ہوئے اور انھیں دس روپیہ ماہانہ دے کر موسیقی کی تعلیم کا باقاعدہ آغاز کیا۔ بھلّامل سے تلمذ اختیار کرنے کے بعد انھیں ماسٹر امام الدّین کی شاگردی کا شرف حاصل ہوا جن سے انھوں نے ہارمونیم اور راگ راگنیوں کا درس لیا اور اپنی مشق و ریاضت جاری رکھی۔ اسی دوران ان کی ملاقات دلی گھرانہ کے ممتاز موسیقار استاد چاند خاں سے ہوئی۔استاد چاند خاں کی فنکارانہ صلاحیتوں نے انھیں بہت زیادہ متاثر کیا اور ان کی شاگردی اختیار کر لی۔ یہ بات تحقیق طلب ہے کہ شاہد صاحب نے عمر کی کس منزل میں چاند خاں کے آگے زانوے ادب تہ کیا قیاس ہے اس وقت ان کی عمر پچیس سال رہی ہوگی۔

ریڈیو پر گانے بجانے کا سلسلہ انھوں نے ۱۹۳۶ء سے شروع کیا۔ ان کے پروگرام آکاش وانی دلّی سے شاہد احمد کے بجائے ایس۔احمد کے نام سے نشر ہوتے تھے [2] انھوں نے موسیقی چونکہ کسی مالی منفعت کی خاطر نہیں سیکھی تھی اور نہ ہی انھیں اس کی ضرورت تھی اس لئے ریڈیو سے کسی طرح کا معاوضہ لینا انھیں

---

[1] چند ادبی شخصیتیں ص ۲۶۸-۶۹

[2] " " ص ۲۶۹

قبول نہ تھا۔ استاد چاند خاں کو اس بات کا پتہ چلا تو انھوں نے شاہد صاحب پر زور دیا کہ وہ معاوضہ لے کر ہماری نذر کر دیا کریں۔ استاد کی اس خواہش کا احترام کرتے ہوئے شاہد صاحب اپنے پروگراموں کا معاوضہ چاند خاں کی نذر کرنا شروع کر دیا۔
استاد چاند خاں اپنی ذاتی ڈائری میں لکھتے ہیں:

"شاہد صاحب نے اپنے پروگراموں کی فیس پچاس روپے ہماری نذر کیے۔ شاہد احمد صاحب اب تک بغیر فیس کے پروگرام کرتے تھے۔ ہم نے کہا کہ اگر تم فیس نہیں لینا چاہتے تو فیس لے کر ہمیں دے دیا کرو۔ ہم اس سے فنکاروں وغیرہ کی دعوت کر دیا کریں گے۔"[1]

شاہد صاحب اپنے استاد چاند خاں سے بڑی عقیدت و محبت رکھتے تھے۔ اکثر وہ اپنی حیثیت کے مطابق ان کی مالی امداد اور خاطر و تواضع بڑی کشادہ دلی سے کرتے تھے۔ انھوں نے اپنے استاد کی آسانی کے لئے بینک میں ان کے نام سے اکاؤنٹ بھی کھلوا دیا تھا۔ چاند خاں لکھتے ہیں:

"آج شاہد احمد صاحب نے آئیڈیل بینک چاندنی چوک (نمرہ مسجد فتحپوری) میں دو سو روپئے نقد اور ۶۵ روپئے کا ریڈیو پروگرام کا چک جمع کرا کر چاند خاں کے نام سے حساب شروع کرایا تاکہ ریڈیو چک امپریل بینک نئی دلی جانے کے بجائے چاندنی چوک کے بینک میں جمع کرا سکیں۔"[2]

چاند خاں کے فیضِ صحبت سے شاہد صاحب کی موسیقی دانی کے جوہر رفتہ رفتہ نکھرتے چلے گئے۔ ان کا نصف وقت ایک طرف اگر ادبی مشغلوں میں گذرتا تھا تو دوسری طرف نصف سُر اور تال کی مشق میں صرف ہوتا تھا۔ اس مدت میں

---

[1] مورخہ ۱۵ رمضان المبارک ۱۳۶۵ھ۔ ۳ / اگست ۱۹۴۶ء

[2] مورخہ ۱۸ / ربیع الاول ۱۳۶۶ھ۔ ۱۰ / فروری ۱۹۴۷ء

انھوں نے انگریزی اور دیگر زبانوں میں لکھی گئی فنِ موسیقی کی تصانیف کا غائر مطالعہ بھی کیا۔ چاند خاں کی خصوصی توجہ سے ان کے اس شاگرد کو موسیقی کے علمی و فنّی پہلوؤں پر بہت جلد دسترس حاصل ہوگئی۔

رسالہ 'ساقی' کی مشغولیت اور تعلیمی مصروفیت کے باوصف روزانہ شام کو تقریباً دو گھنٹے وہ موسیقی کا ریاض کرتے تھے۔ چاند خاں اپنے گھر کے علاوہ اکثر شاہد صاحب کے مکان پر بھی انھیں درس دینے جایا کرتے تھے۔ ان کی ڈائری میں یہ بات کئی جگہ مذکور رہے۔

استاد چاند خاں، شاہد صاحب کو اپنے ہونہار شاگردوں میں شمار کرتے تھے۔ اور ان پر فخر کرتے تھے۔ ان کی یہ کوشش ہوتی تھی کہ دلّی میں جہاں کہیں محفل موسیقی سجائی جاتے ان کے ساتھ ساتھ شاہد صاحب مدعو کئے جائیں تاکہ ان کے شاگرد کو بھی اپنے کمالِ فن کا مظاہرہ کرنے کا موقع ملے۔

چاند خاں کی ذاتی ڈائری سے معلوم ہوتا ہے کہ اکثر و بیشتر شاہد صاحب کے مکان پر محفل موسیقی سجائی جاتی تھی جس میں چوٹی کے فنکار جمع ہوا کرتے تھے اور یہ محفلیں کبھی کبھی شام کو شروع ہوتی تھیں اور ان کا سلسلہ صبح تک جاری رہتا تھا۔

کاغذ کی بڑھتی ہوئی گرانی اور اس کی عدم فراہمی کے باعث ۱۹۴۲ء میں "ساقی" کی اشاعت تقریباً چھ ماہ تک بند رہی۔ اس وقت تک ساقی بکڈپو کا کاروبار جم چکا تھا۔ اس کے ذریعہ ہونے والی آمدنی شاہد صاحب کی آسودگی معاش کے لئے کافی تھا چنانچہ فرصت کے لمحات انھوں نے موسیقی کے ریاض پر خرچ کئے۔ ہلکے پھلکے راگ، ہارمونیم کی صداکاری اور سُر و تال کے کمالات جن میں انھوں نے خاصی قدرت حاصل کر لی تھی یک لخت چھوڑ کر اب پکا راگ نکالنے کی مشق شروع کر دی۔ استاد کی خصوصی توجہ اور ذاتی محنت سے انھیں اس مشکل فن پر بھی عبور حاصل ہوگیا۔

کاغذ کی گرانی کے باوجود "ساقی" کسی طرح دوبارہ جاری ہوا مگر شاہد صاحب

کی دلچسپی اب پہلے جیسی نہیں رہ گئی تھی۔ موسیقی نے ان کے دل و دماغ پر اس طرح جادو کر رکھا تھا کہ اس کا سُرور ختم ہی نہ ہوتا تھا تاہم دوستوں اور ادب نوازوں کی غیر معمولی دلچسپی کی بنا، پر "ساقی" کا کام کسی طرح چلتا رہا۔ موسیقی سے روز افزوں دلچسپی اور ادبی مشاغل سے ان کی بے توجہی کے نتیجہ میں ان کے دوستوں میں ادیبوں شاعروں اور ادب نوازوں کی تعداد دن بدن گھٹتی گئی مگر دوسری طرف موسیقی سے شغف رکھنے والوں میں ان کی شہرت و مقبولیت کے گیت گائے جانے لگے۔

۱۹۴۲ء سے ۱۹۴۷ء تک کا زمانہ وہ تھا جس میں شاہد صاحب اور ادیب کی حیثیت سے زیادہ اور موسیقار کی حیثیت سے کم جانے اور پہچانے جاتے تھے مگر آزادی کے بعد ان کی شخصیت دو حصوں میں تقسیم ہو گئی۔ یعنی جب تک یہ شخصیت ہندوستان میں رہی "شاہد برائے ادب" کہلائی مگر قیام پاکستان کے بعد یہی شخصیت "شاہد برائے موسیقی" بھی کہلائی جانے لگی۔

پاکستان جانے کے بعد شاہد صاحب کی موسیقی دانی ان کی زندگی کا سہارا بنی۔ کراچی ریڈیو اسٹیشن سے وابستہ ہوئے مگر وہاں کوئی ایسا نہ تھا جو ان کی اصلاح کر سکے اور فنّی تقویت پہنچا سکے۔ بندو خاں اگرچہ استادی کا درجہ رکھتے تھے مگر انکے یہاں استاد چاند خاں جیسی بات نہ تھی۔ اپنی کمزوریوں کی اصلاح کے لئے انھوں نے چاند خاں سے خط و کتابت کا سلسلہ جاری رکھا۔ چاند خاں لکھتے ہیں :

> "کراچی سے شاہد احمد صاحب کا خط آیا جس سے امراء خان رمضان خاں اور بھائی بندو خاں کی خیریت معلوم ہوئی۔ شاہد احمد صاحب نے اپنی یادداشت کے لئے کچھ راگ وغیرہ منگاتے ہیں۔"[1]

اس خط کے جواب میں انھوں نے شاہد صاحب کو جو لکھا اُسے اپنی ڈائری میں اس طرح نقل کیا ہے :

---

[1] مورخہ ۷ رفروری ۱۹۴۹ء (ذاتی ڈائری)

"شاہد احمد صاحب کو الف کی تختی کے نام کے ۲۴ راگ معہ آروہی، امروہی، وادی، سموادی اور اس کے خلاصہ کے ساتھ لکھ کر کراچی بھیجے"۔ [1]

استاد چاند خاں کی اس تحریر کے جواب میں شاہد صاحب لکھتے ہیں:

"راگوں کی یادداشت نہایت عمدہ طریقہ سے آپ نے مرتب کی ہے۔ میں نے ایک نوٹ بک اُسے نقل کرنے کے لئے لے لی ہے۔ انشاء اللہ سب نقل کرتا رہوں گا اور اُسے حرزِ جان سمجھوں گا۔ آپ اپنی فرصت کے اوقات میں تھوڑا تھوڑا کر کے لکھتے رہیئے۔ افسوس ہے کہ پاکستان ریڈیو نے کلاسیکل موسیقی کی مد تقریباً بالکل اڑا دی ہے۔ مجھ سے کہا جاتا ہے کہ آپ غزل اتنی صحیح اور عمدہ گاتے ہیں کہ دوسروں کے لئے نمونہ ہوتی ہے۔ اور جو میرا کمال تھا اُسے غارت کر دیا یہ کہہ کر کہ یہاں اسے کون سنتا ہے اور اس سے فائدہ بھی کیا ہے؟ مجبوری کا سوال ہے ورنہ مجھے انکار کر دینا چاہیئے تھا۔

رمضان خاں امراؤ خاں سب غزلیں گا رہے ہیں تو بھلا میں کس شمار قطار میں ہوں"۔ [2]

ایک اور خط میں شاہد صاحب نے عربی موسیقی کے متعلق چند ضروری باتیں لکھ کر اپنے استاد سے دریافت کی تھیں جس کا جواب چاند خاں نے ۱۲۔ ۱۹۴۹ء کو بھیجا۔ [3]

شاہد صاحب کو جب بھی موقع ملتا استاد چاند خاں سے تحریری طور پر اپنی

---

[1] چاند خاں کی ذاتی ڈائری۔ مملوکہ اقبال خاں نبیرۂ چاند خاں

[2] مکتوب شاہد احمد دہلوی۔ بنام استاد چاند خاں

[3] چاند خاں کی ذاتی ڈائری۔

مشکل آسان کر لیتے اس طرح انھوں نے تحصیل علم کا سلسلہ ان سے برابر جاری رکھا۔

جنوری ۱۹۵۵ء میں بندو خاں نے رحلت کی۔ ان کے چہلم کے موقع پر چاند خاں کراچی گئے۔ شاہد صاحب نے ان سے ملاقات کا شرف حاصل کیا اور دوسرے دن اپنے مکان پر انھیں کھانے پر مدعو کیا۔ دعوت میں ریڈیو میوزک اسٹاف کے علاوہ کراچی شہر کے دیگر فنکاروں نیز قریبی دوستوں نے بھی شرکت کی۔ کھانے کے بعد محفلِ موسیقی کا اہتمام کیا گیا جس میں نصیر احمد، ہلال خاں، رمضان خاں وغیرہ نے گایا بجایا اور آخر میں استاد چاند خاں کو زحمت دی گئی۔ طبلہ پر ان کا ساتھ جوشؔ ملیح آبادی کے بیٹے سجاد حسین نے دیا۔ اس موقع پر چونکہ سبھی صاحبِ فہم جمع تھے اس لئے کافی دیر تک گانے بجانے کا سلسلہ چلتا رہا۔[1]

تقریباً ایک ماہ بعد شاہد صاحب کے گھر پر ایک اور محفل موسیقی کا اہتمام ہوا۔ دوست احباب اور شاگرد جمع ہوئے شاہد صاحب کے شاگردوں سے پروگرام کا آغاز ہوا۔ پہلے یوسف پھر رشید اور آخر میں ماسٹر بشیر نے گایا بجایا۔ چاند خاں لکھتے ہیں کہ ان سب کو سن کر ہم نے شاہد صاحب کی محنت و کوشش کی تعریف کی۔ اس کے بعد ہماری باری آئی۔ شاہد احمد صاحب نے خود بھی نذرانہ دیا اور اپنے سب شاگردوں سے نذرانے دلوائے۔[2]

۱۸؍ اکتوبر ۱۹۶۰ء میں شاہد صاحب جب دلّی آئے تو اپنے استاد چاند خاں سے جب ملاقات ہوئی تو ان سے فن موسیقی کے عملی رموز و نکات پر تبادلۂ خیال کیا۔ انھوں نے شاہد صاحب کو محنت کے اصول اور قواعد تعلیم دیئے۔ دوسرے دن ان کے استقبال میں استاد چاند خاں نے اپنے مکان پر محفلِ موسیقی کا اہتمام کیا جس کا سلسلہ بہت دیر تک چلتا رہا۔ اس موقع پر بھی ان کے استاد نے شاہد صاحب

۱؎ ذاتی ڈائری چاند خاں مورخہ ۲۶ شعبان ۱۳۷۴ھ۔ ۲۰ اپریل ۱۹۵۵ء

۲؎ " " " ۲۰ جون ۱۹۵۵ء

کو چند عملی خصوصیاتِ موسیقی بتائیں [1]

کراچی میں کیا ہندو کیا مسلمان سبھی لڑکے لڑکیاں عام طور سے اس محفل میں شریک ہوتے تھے جس میں شاہد احمد صاحب بھی شریک ہوں۔ موسیقی کی وہی محفلیں کامیاب ہوا کرتی تھیں جس کے محرک شاہد صاحب ہوں اور اسی وجہ سے پاکستان اکیڈمی کے جلسے اور محفلیں سب سے زیادہ شاندار اور کامیاب ہوتی تھیں۔ شاہد صاحب اس اکیڈمی کے بانی اور صدر تھے۔ ایسی محفلوں میں وہ خاص طور پر اپنی بیوی اور بچوں کو ساتھ ضرور لے جایا کرتے تھے۔

جمیل جالبی صاحب ان کی شرافت اور ان کے کردار پر روشنی ڈالتے ہوئے یہ تحریر فرماتے ہیں:

"ان کی شرافت ضرب المثل ہے۔ پچیس تیس سال ہوئے ہیں لیکن آج تک کسی طوائف کے کوٹھے پر نہیں گئے ہیں اور نہ آج تک کسی طوائف کو اپنا شاگرد بنایا اور وہ اس لئے کہ اسی چیز نے اس عظیم فن کو بدنام کر دیا اور شرفا اس سے نفرت کرنے لگے ہیں۔

ان کا ایک شاگرد ایک مرتبہ کسی طوائف کے یہاں چلا گیا۔ کچھ آنا جانا بھی نہیں تھا۔ ابھی مبتدی تھا۔ شاہد صاحب کو معلوم ہوا تو بہت بگڑے اور کہنے لگے "اللہ تعالیٰ نے موسیقی اور شراب کو اسی لئے حرام کیا ہے کہ اس میں بڑے ظرف کی ضرورت ہوتی ہے اور یہ عام آدمی کے پاس ہوتا نہیں۔ اسے ہی دیکھو کچھ آتا جاتا نہیں سبق دینے لگے ہیں [2]"

جمیل جالبی صاحب کے مذکورہ بیان کو اگر درست مان لیا جائے جو انھوں نے شاہد صاحب کی زبانی نقل کیا ہے "کہ اللہ تعالیٰ نے موسیقی کو اس لئے حرام

---

[1] ذاتی ڈائری۔ چاند خان۔ مورخہ ۲۰ جون ۱۹۵۵ء

[2] نقوش شخصیات نمبر ص ۴۸۹

کیا ہے کہ اس میں بڑے ظرف کی ضرورت ہوتی ہے اور یہ عام آدمی کے پاس ہوتا نہیں :. تو اس اعتبار سے بشیرالدّین احمد اور شاہد احمد صاحب کا حرام فعل میں ملوّث ہونا ایک دلیل بن جاتا ہے اور اگر یہ تسلیم نہیں کیا جاتا تو دونوں شخصیتوں کو عام آدمی سے ہٹ کر کچھ اور کہنا پڑے گا۔

شاہد صاحب اپنی شخصیت پر تبصرہ کرتے ہوئے فرماتے ہیں :

"میری زندگی کے دو پہلو ہیں ادب اور موسیقی۔ میں خوش ہوں کہ میں نے انہی دونوں علم وفن کی بڑی بھلی خدمت کی اور خدا کے فضل وکرم سے نیک نامی کے ساتھ۔ اس خدمت کی بنیاد پر سیٹو نے جب اپنے ممبر ملکوں کے لئے گشتی مقررین کی اسکیم منظور کی تو پاکستان کے دانشوروں میں سب سے پہلے مجھے ۱۹۵۹ء میں منتخب کیا کہ تھائی لینڈ اور فلپائن میں پاکستان کے کلچر پر ان ملکوں کے مشہور اداروں اور شہروں میں لکچر دوں۔ مجھے فخر ہے کہ میں نے اس خدمت کو انجام دے کر اپنے ملک کی تہذیب وثقافت سے دور افتادہ ملکوں کا دورہ کیا۔ ۱۹۶۱ء میں خیر سگالی کا ایک وفد ہندوستان گیا تھا۔ اس میں بھی میں نے پاکستانی ادب اور موسیقی کی نمائندگی کرنے کا فخر حاصل کیا۔ لسانی ادبی اور موسیقی کے مذاکرات میں مغربی اور مشرقی پاکستان دونوں جگہ مجھے شریک ہونے کا موقع اکثر دیا جاتا ہے۔ میں اسے نہ صرف اپنے لئے باعثِ عزت سمجھتا ہوں بلکہ اپنی قوم اور اپنے ملک کی خدمت حتی المقدور ان ذرائع سے کرنا اپنا فرض اور اپنے لئے سعادت سمجھتا ہوں"۔[1]

شاہد صاحب اپنی زندگی میں نہ جانے کتنی موسیقی اور ادبی انجمنوں کے صدر،

---

[1] چند ادبی شخصیتیں ص ۲۶۹

سکریٹری اور مجلس عامہ کے رکن بنائے گئے۔ گوشہ گیری اختیار کر لینے کے باوجود انھیں بخشا نہیں گیا۔ انھوں نے فن موسیقی کا غائر مطالعہ کیا تھا اور لکھنے پڑھنے کی عادت بچپن سے ڈال رکھی تھی اس لئے یہ موضوع بھی ان کے دائرہ تحریر سے باہر نہ رہ سکا۔ پاکستانی موسیقی کے بارے میں انھوں نے ایک مختصر مگر جامع مضمون لکھا جس کو "رسالہ ماہِ نو" کراچی نے شائع کیا[1]۔ یہ مضمون ان کی موسیقی دانی پر بھرپور دلالت کرتا ہے

استاد چاند خاں اپنے اس شاگرد کی موسیقی دانی پر یوں اظہار خیال کرتے ہیں:

"فن موسیقی سے انھیں دلی محبت تھی۔ فن اور فنکاروں کی بڑی عزت و وقعت کرتے تھے۔ حویلی اعظم خاں میں تقریباً روزآنہ ان کے گھر پر محفل موسیقی ہوتی تھی جس میں شہر کے اور باہر کے بڑے بڑے موسیقار شریک ہوتے تھے۔ خود بھی محنت و ریاضت سے اس فن میں اُونچا مقام حاصل کر لیا تھا اور بہت اچھا گاتے تھے۔ دلی کی بڑی بڑی محفلوں میں گاتے تھے۔ ایس۔ احمد کے نام سے ریڈیو پر بھی کلاسیکل موسیقی کے پروگرام کرتے تھے۔ پاکستان جانے کے بعد وہاں کے ریڈیو اسٹیشن سے گانے بجانے کے پروگراموں کے علاوہ موسیقی کے مختلف عنوانوں پر تقریروں کا پروگرام اور کراچی ریڈیو اسٹیشن سے موسیقی کی تعلیم کا سلسلہ بھی انھوں نے جاری کیا تھا اور اس میں انھوں نے وہی طریقہ اختیار کیا تھا جو ہم نے دہلی میں "سنگیت شکشا" کے پروگرام میں جاری کیا تھا۔ وہ پاکستان کی حکومت کی طرف سے غیر ممالک میں بھی موسیقی کی ترقی کیلئے گئے تھے۔ کراچی میں دلّی گھرانہ کا ایک میوزک اسکول بھی قائم کیا تھا جس میں بہت سے لوگوں کو موسیقی اور دلّی گھرانہ کی گائیکی کی تعلیم دی جاتی تھی۔ ہم سے دلی محبت عزت اور احترام کرتے تھے۔ ہمارے بچے اور وفادار شاگردوں میں تھے۔"[2]

---

[1] انتخاب ماہِ نو (۱۹۵۲ء تا ۱۹۵۸ء) ادارہ مطبوعات پاکستان کراچی ۱۹۵۸ء

[2] ذاتی ڈائری۔ استاد چاند خاں۔ مورخہ ۱۸ صفر ۱۳۸۷ھ۔ ۲۹ مئی ۱۹۶۷ء

شاہد احمد کا دورۂ ہندوستان

پاکستان کی شہریت اختیار کر لینے کے بعد شاہد صاحب کو کئی بار ہندوستان آنے کا اتفاق ہوا۔ ان کا پہلا سفر ماہ اپریل ۱۹۴۸ء کے وسط میں ہوا جس میں وہ لاہور سے اپنا چھوٹا ہوا اسباب وغیرہ لینے کی غرض سے دلی آئے تھے[1]

اکتوبر ۱۹۶۰ء میں انھوں نے دوبارہ یہاں کا رخ کیا[2] مگر اس سفر کی تفصیل دریافت نہ ہو سکی کہ ان کے یہاں آنے کا مقصد کیا تھا۔ اس دورہ کے تقریباً چھ ماہ بعد پاکستانی حکومت کی طرف سے ایک خیر سگالی وفد سترہویں شریف کے موقع پر ہندوستان آیا جس میں شاہد صاحب کو بھی بھیجا گیا تھا[3]

شاہد صاحب کا چوتھا اور آخری سفر ساقی کا جوش نمبر شائع ہونے کے ایک سال قبل ہوا۔ اس مرتبہ ان کے ہندوستان آنے کا سب سے بڑا مقصد جوش ملیح آبادی کے خلاف مواد فراہم کرنا تھا جسے وہ ساقی کے جوش نمبر میں شائع کرنا چاہتے تھے[4] یہ وہ زمانہ تھا جب شاہد صاحب اور جوش صاحب کے درمیان

---

[1] ذاتی ڈائری۔ چاند خاں۔ مورخہ ۶ جمادی الثانیہ مطابق ۱۷ اپریل ۱۹۴۸ء

[2] 〃 〃 〃 ۲۶ ربیع الثانی 〃 ۱۸ اکتوبر ۱۹۶۰ء

[3] 〃 〃 〃 ۲۰ شوال ۱۳۸۰ھ ۔ ۱۷ اپریل ۱۹۶۱ء

[4] ساقی جوش نمبر "نگاہ اولین"

زبردست معرکہ آرائی ہو رہی تھی اور دونوں ہی ایک دوسرے کے خلاف فقرے بازیاں اور مضامین کے ذریعہ محاذ آرا تھے۔

آخری بار شاہد صاحب جب دلّی آئے تو ادبی حلقہ میں ان کی بڑی قدر و منزلت کی گئی۔ ان کے اعزاز میں مختلف مقامات پر مشاعروں اور جلسوں کا انعقاد کیا گیا۔ اس سلسلے میں ہوئے دلّی کے ایک مشاعرہ میں حفیظ جالندھری کے علاوہ ملک کے دیگر ممتاز شاعروں نے شرکت کی۔

پرانی دلّی کے اروناہال میں بھی ایک جلسہ ہوا جس میں گلزار دہلوی نے استقبالیہ نظم پڑھی۔ بسمل سعیدی ٹونکی کے علاوہ اس جلسہ میں کئی اہم ادبی شخصیتیں بھی شریک تھیں۔

دلی میں ان کی سوتیلی ماں یعنی ممتاز جہاں بیگم اور ان کے بیٹے مسلم احمد ڈپٹی نذیر احمد کے مکان ہی میں رہائش پذیر تھے مگر شاہد صاحب نے اس گھر میں قیام نہ کرتے ہوئے اپنی سسرال کوچہ میر ہاشم متصل جامع مسجد میں قیام کرنے کو ترجیح دی۔ اس مکان میں عاصمہ بیگم کی بھانجی زبیدہ بیگم رہتی تھیں۔

شاہد صاحب کے اپنے آبائی مکان میں قیام نہ کرنے کے سلسلے میں مسلم احمد صاحب کا بیان ہے کہ:

"شاہد صاحب کو میری والدہ مرحومہ نے ہی پالا تھا اس لئے مرحومہ میری والدہ کو حقیقی والدہ ہی تصور کرتے تھے مگر ۱۹۴۷ء کے بدلے ہوئے حالات نے ان کے نازک دل پر کاری ضرب لگائی تھی جس کو وہ بھول نہ سکے چنانچہ وہ اس اجڑے ہوئے محلے میں آتے ہوئے تو نہ گھبراتے تھے مگر قیام سے گھبراتے تھے دیگر یہ کہ تقسیم ہند سے قبل ان کی پہلی بیوی (عالیہ بیگم) کا انتقال ہو گیا تھا تو انھوں نے عالیہ بیگم کی بھانجی عاصمہ بیگم سے کمسن بچوں کی پرورش کی خاطر شادی کرلی تھی۔ عالیہ بیگم کو یہ مکان چونکہ ورثہ میں ملا تھا اس لئے ان کے انتقال

کے بعد ان کے لواحقین کا ہو گیا تھا اور اسی وجہ سے شاہد احمد اس مکان میں منتقل ہو گئے تھے۔ ۱۹۴۷ء تک وہ اسی مکان میں مقیم رہے مگر سب لوگوں کے پاکستان چلے جانے کے بعد یہ مکان دوسرے حضرات کے قبضہ میں آگیا۔

شاہد صاحب کی بیوی عاصمہ بیگم کی چچا زاد بہن زبیدہ بیگم کوچہ میر ہاشم میں رہتی تھیں۔ شاہد صاحب نے ان کے پاس اس لئے بھی قیام کیا کیونکہ وہاں سے آنے جانے اور ملنے جلنے میں سہولت تھی مگر روزآنہ وقت ملنے پر دورانِ قیام آبائی مکان میں آتے جاتے رہے۔" [1]

---

[1] ذاتی ملاقات اور تحریری بیانات جو راقم الحروف نے مسلم احمد صاحب سے حاصل کئے۔

معرکۂ جوش اور شاہد

معرکے اور معارضے محض ایک ادبی نزاع نہیں بلکہ ہماری تہذیبی آویزشوں کا اشاریہ بھی ہیں۔ اردو ادب میں تنقید کا بہت بڑا سرمایہ انھیں معرکوں میں بھی محفوظ ہے۔ مذکورہ معرکوں میں محفوظ تنقیدی روایات مشاعروں اور مراختوں میں ابتدا سے دیکھنے کو ملتی ہیں۔ اردو شاعری کے ابتدائی دور میں ان محفلوں میں شعرا کے کلام پر بے دھڑک اعتراضات کئے جاتے تھے جن کے جواب میں شعرا اپنے بزرگوں کے کلام سے نظیریں پیش کرتے تھے۔ معترضین کی یہ تنقیدیں کبھی کبھی ذاتی اختلاف اور بغض وعناد کا ردعمل بھی ہوا کرتی تھیں اور معاملہ ذاتیات پر کیچڑ اچھالنے تک پہنچ جاتا تھا۔ ذاتی بغض وعناد اور شخصی اختلافات کے نتیجہ میں جو ادب وجود میں آیا اس کی مثال ہجوگوئی کی صورت میں دیکھنے کو ملتی ہے۔

شعروشاعری کی ہنگامہ آرائیوں اور شاعرانہ چشمکوں کی عام روش سے قطع نظر اردو نثر بھی اس طرح کی تنقیدوں سے اپنا دامن نہ بچا سکی۔ مذہب کی آڑ میں نہ جانے کتنے مناظرے ہوئے۔ سینکڑوں کتابیں تصنیف کی گئیں اور ان کے ذریعہ حقانیت اور دینی عقائد کو ایک دوسرے سے بہتر ٹھہرانے کی کوششیں کی گئیں۔ یہی حال ہمارے تذکروں کا ہے۔ اردو میں کچھ تذکرے ایسے بھی ہیں جو بعض تذکروں کے جواب میں لکھے گئے۔

معرکے اور مناقشے ہوں یا مناظرے ان کی تاریخی، ادبی اور لسانی اہمیت

سے انکار نہیں کیا جا سکتا۔ اردو ادب میں جوشؔ و شاہد کا معرکہ ہمارے عہد کے چند اہم ادبی معرکوں میں سے ایک ہے۔

شاہد احمد دہلوی اور جوشؔ ملیح آبادی دونوں اپنے زمانہ کے اہم ترین مصنفوں میں تھے۔ ان دونوں کے ادبی معرکے نے تاریخی حیثیت حاصل کرلی تھی اور اس میں جیت کس کی ہوئی اس کا اندازہ ڈاکٹر۔ ظ۔ انصاری کے ان الفاظ سے ہوتا ہے جو انھوں نے اپنے ایک ہمعصر کا ذکر کرتے ہوتے ڈاکٹر خلیق انجم کے نام ایک مکتوب میں تحریر کئے تھے۔ جملہ یہ ہے:۔

" درویش اب خاموش رہے گا۔ لیکن اگر بات بڑھائی گئی اُس طرف سے تب، تب وہ کروں گا جو شاہد احمد دہلوی نے جوشؔ کے ساتھ کیا تھا"[1]

یہاں اس معرکے کا اجمالی جائزہ لینا مقصود ہے۔ معرکہ جوشؔ اور شاہد کی ابتدا کے سلسلے میں کئی روایات ہیں جن میں "افکار" کا جوش نمبر بھی شامل ہے۔ اس رسالہ کے مدیر صہبا لکھنوی ہیں۔ یقیناً جوشؔ صاحب اس بات کے مستحق تھے کہ ان کی شخصیت اور شاعری پر ایک خاص نمبر شائع ہوتا چنانچہ صہبا لکھنوی نے بلند پایہ ادیبوں اور شاعروں کو اس خاص نمبر کے لئے مضمون لکھوائے چونکہ شاہد صاحب کا شمار بھی بلند پایہ ادیبوں میں ہوتا تھا اس لئے ان سے بھی مضمون کی فرمائش کی گئی۔ شاہد صاحب نے مضمون لکھا اور اسے جوش نمبر میں شائع کیا گیا۔ مضمون کی کتابت سے پہلے شاہد صاحب کی مرضی کے مطابق مضمون سے ان واقعات کو خارج کر دیا گیا جن کی اشاعت سے جوش کو کسی طرح کا نقصان پہنچنے کا اندیشہ تھا۔

افکار کا جوش نمبر منظرِ عام پر آیا تو اس مضمون کا ردِّعمل جوش صاحب سے زیادہ

---

[1] یہ خط انجمن ترقی اردو دہلی کی لائبریری کے خطوط کے سیکشن میں محفوظ ہے

ان کے ہمنواؤں پر ہوا۔ ان لوگوں نے جوشؔ صاحب کو اس بات پر مجبور کیا کہ وہ جواب لکھیں۔ جوشؔ صاحب نے قلم اٹھایا تو ان کے نوک قلم نے شاہد صاحب کے ساتھ ساتھ ان کے باپ دادا کی شخصیت پر بھی نشتر چبھوئے۔

جوشؔ صاحب کا جوابی مضمون ابھی منظر عام پر نہ آیا تھا کہ اس بات کی اطلاع شاہد صاحب کو ہوگئی۔ چنانچہ انھوں نے جمیل جالبی اور قدوسی صاحب کے ذریعہ جوشؔ صاحب کو آگاہ کیا کہ وہ میرے خلاف جو چاہیں لکھیں لیکن اگر میرے باپ دادا کی شخصیت مجروح ہوئی تو میں بھی ان کے خلاف وہ اقدام کرونگا جو "ساقی کے جوش نمبر" کی صورت میں ہوگا اور یہی میرا جواب الجواب ہوگا [1]

شاہد صاحب کے مطابق انھوں نے جوش کا خاکہ اس نیت سے نہیں لکھا تھا کہ جوش کی شخصیت مجروح ہو۔ اس کے باوجود صہبا صاحب نے جوشؔ کے سیاسی خیالات اور مذہبی اعتقادات اور بعض جنسی واقعات کو مضمون سے خارج کردیا اور پھر مضمون کی اشاعت کی [2]

شاہد صاحب خاکہ نگاری میں خاص فنی کمال رکھتے تھے۔ انھوں نے اپنے عہد کے دو بڑے شاعروں کے خاکے لکھے جن میں جگر مرادآبادی اور جوش ملیح آبادی شامل ہیں۔ اسے ایک اتفاق ہی کہیئے کہ دونوں شاعری میں کمال رکھنے کے ساتھ ساتھ مۓ نوشی میں بھی اپنا جواب نہیں رکھتے تھے۔ شاہد صاحب کے دونوں خاکوں کو پڑھنے سے صاف ظاہر ہوتا ہے کہ انھوں نے اپنی تحریر سے جگرؔ مرادآبادی کی بہتر سے بہتر تصویر پیش کرنے کی کوشش کی ہے مگر دوسری طرف جوشؔ سے طبعی میلان نہ ہونے کی وجہ سے ان کا قلم جگہ جگہ اس طرح چلتا ہے گویا اُسے ان کا مضحکہ اڑانا مقصود ہو اور وہ بھی بے تکلفی کی حدود تک۔ مثال کے طور پر یہاں وہ اقتباسات

---

[1] ساقی جوش نمبر۔ اداریہ۔ جلد ۶۸ رماہ اپریل

[2] " " نگاہ اولین۔

پیش کئے جا رہے ہیں جنھیں پڑھ کر جوش کے عقیدت مندوں کے جذبات کا مجروح ہونا تعجب کی بات نہیں۔ ان کی بلانوشی کے سلسلے میں شاہد صاحب لکھتے ہیں:

"ڈاکٹر صاحب (یعنی شاہد صاحب کے پھوپھی زاد بھائی کرنل اشرف الحق)، عمدہ ولایتی شراب پیتے تھے۔ جوش صاحب بلا نوش تھے۔ جو بھی مل جائے چڑھا جاتے تھے۔ انھیں جب بھی فرصت ملتی شام کو ڈاکٹر صاحب کے یہاں جا پہنچتے۔ عمدہ اور مفت کی ملتی تھی اس لئے گلاس پر گلاس چڑھائے جاتے تھے...... ایک دن شہر گئے تو ایک ولایتی بوتل بھی لائے اور دیسی ٹھرے کی بھی۔ ٹھرا دیکھ کر ان کی بیوی چمکیں۔ جب ٹھرا آپ کو نہیں پچتا تو آپ کیوں لائے ہیں؟ اس موئے شرابی نے آپ کو بھی ٹھرے پر لگا دیا۔ ڈاکٹر صاحب نے بڑی متانت سے کہا "یہ ٹھرا اسی موئے شرابی کے لئے ہے"۔"[1]

دہلی کے ایک ہوٹل میں جوش و فراق کے درمیان ہوئی مہابھارت کا بیان شاہد صاحب اس طرح کرتے ہیں:

"ویسے تو جوش اور فراق میں بڑا دوستانہ اور دونوں ہم نوالہ اور ہم پیالہ تھے مگر فراق جوش کو اپنا حریف سمجھتے تھے۔ جب ہوٹل کے کمرہ میں کئی دور ہو گئے تو پینے والوں کے دل کھل گئے اور دلوں کے ساتھ زبانیں بھی کھل گئیں۔ جوش اور فراق میں چلنی شروع ہو گئی پہلے تو مذاق ہی مذاق میں پھر نشہ زدہ سنجیدگی کے ساتھ۔ حاضرین میں کچھ جوش کے ساتھ تھے کچھ فراق کے ساتھ۔ فراق کچھ حد سے زیادہ ہی نکل گئے۔ نوبت تیز تم تارٹی اور گالی گلوج تک پہنچی..... فراق کچھ ایسے بے قابو ہو گئے کہ ماں بہن کی گالیوں پر اتر آئے۔ جوش نے ان گالیوں

---

[1] چند ادبی شخصیتیں ص ۲۱۴

کو بھی کڑوا گھونٹ بنا کر حلق کے نیچے اتار لیا مگر جب فراق نے بیٹی کی گالی دی تو جوش کے تیور بگڑے ۔ بولے "ہم پٹھان ہیں اب ہم آپکو قتل کر دیں گے" یہ کہہ کر اٹھنے لگے تو سب نے بڑھ کر ان کو پکڑ لیا اور معاملہ رفع دفع ہو گیا "۔ ؎۱

" دلّی میں ایک جید عالم ہیں مولانا عبد السّلام ..... جوش صاحب دلّی آئے تو ان کی تعریف سن کر ان سے ملنے گئے ۔ مولانا نے جب جوش صاحب کے خیالات سنے تو ان کا ناریل چٹخا اور بولے "تمہارا دماغ تو شیطان کی کھڈّی ہے" اس سے مختصر اور جامع تجزیہ جوش صاحب کا نہیں ہو سکتا "۔ ؎۲

" غالباً جوش صاحب سب کو خوش کرنے کی کوشش کرتے ہیں۔ اس لئے ان کی گفتگو ہمیشہ اثباتی ہوتی ہے ۔ اسے آپ چاہیں تو ان کا بھولپن کہہ لیں چاہے یہ کہہ لیں کہ جوش صاحب بے پیندی کے بدھنے ہیں "۔ ؎۳

شاہد صاحب جوش کی بلانوشی اور خوش خوراکی کا ذکر جہاں کہیں موقع ملتا ہے ضرور کرتے ہیں ۔ وہ لکھتے ہیں :

" ماشاء اللہ خوش خور ہیں جبھی تو ستر سال کی عمر میں ٹانٹے بنے ہوتے ہیں ۔ سچ ہے کہ ایک داڑھ چلے ستر بلا ٹلے "۔ ؎۴

یاد ش بخیر ۔ حضرت جوش ملیح آبادی کھانے پینے کے بڑے رسیا ہیں ۔ لوگ سمجھتے ہیں کہ صرف پینے کے جی نہیں کھانے کے بھی ۔ مجھے چند بار انھیں کھاتے دیکھنے کا اتفاق ہوا ہے ۔ اس سلسلہ میں وہ قطعی

؎۱ چند ادبی شخصیتیں ص ۲۲۳-۲۱۲ ؎۲ ایضاً ص ۲۲۴

؎۳ ایضاً ص ۲۱۶ ؎۴ ایضاً ص ۱۲۹

غیر شاعر ہیں۔ جوشؔ صاحب بڑی بے دردی سے کھانے پر پلتے ہیں۔ ......اب آپ ان کے تناؤں کی رفتار دیکھئے۔ بریانی کی چوٹی دار قابیں آتی رہیں گی اور غائب ہوتی رہیں گی۔ قورمہ اور شیرمالیں پناہ مانگ جائیں گی۔ آم کی گٹھلیوں کا ڈھیر سامنے لگ جائے گا...... جوشؔ صاحب کی خوش خوراکی کو دیکھ کر مجھے بڑی خوشی ہوتی ہے کہ کم از کم ایک شخص ہماری برادری میں ایسا ہے جو کھانے کے ساتھ پورا پورا انصاف کرتا ہے۔" لہ

"دراصل جوشؔ صاحب کو خوئے بد ہے جو اپنے جواز میں ہزار بہانے تلاش کرلیتی ہے ورنہ حضرت کا اصول تو یہ ہے کہ ان کا کوئی اصول ہی نہیں ہے۔" ٢ہ

جوشؔ صاحب کی خوش خوراکی اور بلانوشی سے متعلق شاہد صاحب کا خاکہ آپ نے ملاحظہ کرلیا۔ اب ذرا جگرؔ صاحب کی تصویر بھی دیکھ لیجئے۔ وہ لکھتے ہیں:

"جگر صاحب ایک سیر چشم آدمی تھے۔ روپیہ پیسہ ان کے لئے کوئی حیثیت نہیں رکھتا تھا۔ میں نے ان کا وہ زمانہ بھی دیکھا ہے جب وہ شراب کے نشے میں دھت رہا کرتے تھے اور کوڑی کوڑی کو محتاج مگر میں نے آج تک کسی سے نہیں سنا کہ جگر نے کسی کے آگے ہاتھ پھیلایا ہو۔ مدہوشی میں بھی انھوں نے اپنی غیرت اور خودداری کو ہاتھ سے نہیں جانے دیا۔" ٣ہ

"جگر صاحب ایک زمانہ میں مچھلی کی طرح شراب پیتے تھے .... مگر مدہوشی کا یہی دوران کی شاعری کے عروج کا دور تھا۔ روپیہ ادھر آیا اور شراب بن کر اڑا۔ خبر نہیں گھر کی زندگی اس شراب نوشی کی وجہ سے

لہ چند ادبی شخصیتیں ص ٢٤٤،٢٤٥ ٢ہ ایضاً ص ٢٤٧
٣ہ ایضاً ص ١٦٠

اجڑی یا گھر کی اجڑی ہوئی زندگی نے کثرت سے مے نوشی کے پر لگائے ...... شراب نوشی اتنی بڑھ گئی کہ مشاعروں کے اسٹیج پر بھی بوتل اور گلاس ساتھ رہنے لگا۔ غزل پڑھتے پڑھتے بھول جاتے اور سامعین خاصے بے لطف ہوتے مگر ان کے کلام اور ان کے کمال کی وجہ سے ان کی اس لغویت کو نظر انداز کر دیتے ...... میں نے بہت سے ذہین شاعروں کو شراب سے تباہ و برباد ہوتے دیکھا ہے۔ اختر شیرانی میراجی اور مجاز کا تو آخر میں یہ حال ہو گیا تھا کہ اسٹیج پر نہ صرف قے کر دیتے تھے بلکہ پیشاب بھی کر دیتے تھے اور لوگ انھیں اٹھا کر ان کے ٹھکانوں پر پہنچایا کرتے تھے۔ جگر صاحب اتنے گرے نہیں تھے۔ انھیں پھر بھی ہوش رہتا تھا اور ان کی طرح اول فول بکنے نہیں لگتے تھے۔ اُن لوگوں میں اور بہت سی اخلاقی خرابیاں پیدا ہو گئی تھیں جن کی وجہ سے لوگ ان سے بھاگنے لگے تھے۔ جگر صاحب نے کسی کی بہو بیٹی کو نہیں تاکا۔ کسی سے بھیک نہیں مانگی۔ تانگے والوں اور چھلے والوں سے انھیں لڑتے ہوئے نہیں دیکھا اور پٹتے ہوئے نہیں پائے گئے۔ انکی شراب خوری کے نقصانات ان ہی کی ذات تک محدود تھے۔ دوسروں کو ان کا خمیازہ بھگتنا نہیں پڑتا تھا۔"[1]

مذکورہ بالا اقتباسات سے یہ بات ظاہر ہو جاتی ہے کہ دونوں شاعروں میں شاہد صاحب کو ایک سے تعصب اور مخاصمت اور دوسرے سے ہمدردی اور اُنس تھا۔

شاہد صاحب مہذب نرم دل، شگفتہ مزاج اور نیک طبیعت کے انسان تھے مگر ان خوبیوں کے ساتھ ساتھ ان کی کمزوری یہ تھی کہ وہ حد درجہ کے ضدی

---

[1] چند ادبی شخصیتیں ص ۱۶۴-۱۶۲

بھی واقع ہوئے تھے۔ ان کی نرم دلی اور وسیع القلبی اس سے ظاہر ہوتی ہے کہ وہ برابر اس کوشش میں لگے رہے کہ جوش صاحب کے سلسلے میں پیدا ہونے والی غلط فہمی باہمی دوستوں کے وسیلے سے دور ہو جاتے اور نوبت معرکہ آرائی تک نہ پہنچے دوسری طرف ان کی ضد کا یہ عالم تھا کہ جو بات منہ سے نکل گئی یا جو عہد کر لیا اسے پورا کر کے ہی دم لیتے تھے۔ چنانچہ انھوں نے ٹھان لی تھی کہ اگر جوش نے ان کے باپ دادا کی توہین کی تو وہ بھی اس کا سخت جواب دیں گے۔ ادھر جوش صاحب کا مضمون شائع ہوا اُدھر شاہد صاحب بھی اپنے کیئے ہوئے عہد کی تکمیل کے لیئے کمر بستہ ہو گئے۔

ساقی کا جوش نمبر نکالنے کے لیئے جہاں انھوں نے دیگر اہلِ قلم سے مضمون کی فرمائش کی وہاں 'نقوش' کے ایڈیٹر طفیل صاحب کو بھی زحمت دی۔ انکو بھیجے گئے ایک خط میں شاہد صاحب لکھتے ہیں:

"اگر آپ جوش نمبر کے لیئے کچھ لکھیں تو صفحات حاضر ہیں۔ انکی موافقت و توصیف میں افکار کا جوش نمبر سات سو صفحات کا شائع ہو چکا ہے۔ ساقی کے جوش نمبر میں اس کا دوسرا رُخ آنا چاہیئے۔ ان کی شاعری پر بہت کچھ لکھا جا چکا ہے شخصیت پر کچھ نہیں لکھا گیا۔ آپ لکھ سکتے ہیں اور بے رُو رعایت۔ متوازی ہی سہی خوبیاں بھی اور خرابیاں بھی لکھ ڈالیئے ہمّت کر کے۔ آپ نے میرا مضمون بھی پڑھا ہو گا اور جوش صاحب کا جواب بھی۔ اس جواب کا جواب ساقی کا جوش نمبر ہو گا۔ ان کا جواب (ضربِ شاہد بہ فرق شاہد) شائع ہونے سے پہلے میں نے قدوسی صاحب اور رجالبی صاحب کے ذریعہ جوش صاحب کو آگاہ کر دیا تھا۔ اب انھیں معاف

کر دینے اور بخش دینے کا سوال ہی پیدا نہیں ہوتا۔"

(مورخہ ۴/اپریل ۱۹۶۳ء)

اس خط کے بعد دوسرا خط شاہد صاحب نے ۲۸/اپریل ۱۹۶۳ء کو لکھا جسکی تحریر یہ ہے:

"جوش صاحب کی شاعری اور خوبیوں کا تو میں بھی مداح ہوں اور رہوں گا۔ میرا مضمون دیکھ لیجئے مگر ان کی شخصی خرابیوں کو آخر کیوں نہ ظاہر کیا جائے۔ خیر اس اختلافی بحث میں پڑے بغیر ان کیلئے مناسب یہ ہو گا کہ آپ میرے مضمون اور ان کے جواب پر محاکمہ لکھدیں۔ اس سلسلہ میں آپ جوش صاحب کی خوبیاں بھی گنا دیں۔ آپ کھل کر میرے مضمون پر اعتراض کیجئے اور ان کی لکھی ہوئی ناگفتہ بہ باتوں پر بھی آپ کے ایسے مضمون پر تو کسی کو اعتراض نہیں ہو گا۔ آپ میرے بے حد اصرار پر محاکمہ تفصیل سے لکھ دیجئے۔ جوش صاحب کے بارے میں آپ کی رائے محتاج اصلاح نہیں ہے۔ آپ بے تکلف (اگر چاہیں تو) ان کا نثری قصیدہ لکھ دیں۔ میں اسے ضرور چھاپ لوں گا۔ لوگوں کو ان کی خوبیوں سے آگاہی تو ہو گی۔ جوش صاحب کی شخصیت پر لکھا ہی کیا گیا ہے۔ محاکمہ لکھنے میں آپ اس الزام سے بھی بری ہو جائیں گے کہ ساقی کے جوش نمبر میں آپ نے مضمون لکھ کر میری ہمنوائی کی ہے یا میرا ساتھ دیا ہے۔"

"آپ یقیناً اس کے مجاز ہیں کہ میرے اور جوش کے مضامین پر محاکمہ لکھیں۔ آپ ایڈیٹر بھی ہیں اور ادیب بھی۔ خاکہ نگاری کا بھی خاص سلیقہ رکھتے ہیں۔ جوش صاحب کا خاکہ لکھنے میں مجھ سے جو

لے ساقی جوش نمبر میں "ایک مکتوب ثلث" (جوش۔ شاہد اور طفیل) کے عنوان سے ان خطوط کو شامل کیا گیا ہے۔

کوتاہیاں اور زیادتیاں ہوئی ہیں ان پر ضرور لکھئے۔ اس کے بعد ان کا جواب ملاحظہ فرمائیے۔ اسکی کاپی ایک آدھ روز میں بھیج دوں گا۔ انھوں نے جواب میں جو کچھ لکھا ہے کیا وہی لکھنا چاہیئے تھا؟ اس پر اپنے خیالات کا اظہار کیجئے۔ آپ اپنے مضمون کو محاکمہ نہ کہیں کچھ اور کہہ لیں۔ جوشؔ صاحب کی شرافت ان کی زندگی کے پہلوؤں اور ان کے ایک بڑے شاعر ہونے میں بھلا کس کو انکار ہو سکتا ہے۔ منکر تو میں بھی نہیں ہوں۔ ان خوبیوں کا اعتراف میرے مضمون میں بھی موجود ہے۔ مجھے یقین ہے آپ ان دونوں پر بے لاگ رائے دینگے تو گھاس کٹائی نہیں کریں گے۔ ادب کی ایک اچھی خدمت انجام دینگے"[1]

(مورخہ ۴/مئی ۱۹۶۳ء)

"جوشؔ صاحب سے مجھے نہ تو پہلے دشمنی تھی اور نہ اب ہے۔ انھوں نے اپنے مضمون میں میرے متعلق میرے باپ دادا کے متعلق نہایت بے ہودہ باتیں لکھ دیں لہٰذا مجھے ان کا جواب دینا ہے۔ اور جواب ہے جوشؔ نمبر جس کا الٹی میٹم میں نے انھیں مضمون کی اشاعت سے پہلے دے دیا تھا۔ میں نے ان سے ساقی کا جوشؔ نمبر نکالنے کا وعدہ کیا تھا۔ مجھے اپنا وعدہ پورا کرنا ہے۔

اپنا استخفاف کوئی گوارہ نہیں کرتا۔ میں بھی بے غیرت نہیں ہوں کہ اپنی ذلت گوارہ کروں۔ اسے اگر آپ چاہیں تو خطرناکی سے تعبیر کر سکتے ہیں۔ میں نے آپ کو دونوں مضمون بھیج دیے ہیں ملاحظہ فرمالیجئے۔ میں آپ کو مجبور کروں گا کہ آپ دونوں پر غیر جانبدارانہ رائے لکھدیں"[2]

(مورخہ ۱۳/مئی ۱۹۶۳ء)

---

[1] ساقی جوش نمبر ۱۹۶۳ء [2] ایضاً

ہ فرمائیے کیا فیصلہ کیا آپ نے ؟ اگر آپ مکالمہ لکھ کر اس قضیہ کو ختم کرنے کی تحریک نہیں کریں گے تو جوش نمبر کی اشاعت کے بعد بھی یہ سلسلہ جاری رہ سکتا ہے[1]

مورخہ ۲۷ر مئی ۱۹۶۳ء

شاہد صاحب اور طفیل صاحب کے درمیان مراسلات کا سلسلہ ایک عرصہ تک جاری رہنے کے بعد شاہد صاحب کو جب یہ اندازہ ہو گیا کہ طفیل صاحب دونوں کے درمیان ثالثی کرنے پر کسی طرح آمادہ نہیں ہو رہے ہیں تو انھوں نے ایک اور خط طفیل صاحب کو لکھا۔ تحریر یہ ہے :

"اس عمر میں بھلا میرا دماغ کیا گرمی دکھائے گا اور جوش صاحب کا جواب دیکھ کر جو چھل پیدا ہو گئی تھی اُسے بھی میں نے آٹھ مہینوں کے عرصہ میں دور کر دیا۔ ان کے جواب کا جواب میں نے اب مئی میں لکھا ہے ورنہ غصہ میں خبر نہیں کیا اول فول بک جاتا آپ سے میں محاکمہ اس لئے لکھوانا چاہتا ہوں کہ (۱) آپ خاکہ نگاری کے اصول جانتے ہیں۔ اس لئے آپ میرے لکھے ہوئے خاکے کو صحیح جانچیں گے۔ (۲) آپ ادیب ہیں اس لئے ادبی لحاظ سے دونوں کو پرکھ سکتے ہیں۔ (۳) آپ ایک اعلیٰ درجہ کے ادبی جریدہ کے ایڈیٹر ہیں۔ اردو کے بہترین اور بدترین لکھنے والوں سے آپ کا سابقہ رہتا ہے۔ دونوں مضمونوں پر آپ کی رائے وقیع ہوگی۔ (۴) اور آپ ایک اچھے انسان ہیں۔ جھگڑے فساد سے دور رہتے ہیں۔ لہٰذا اس جھگڑے کو ختم کرانے کیلئے آپ ہی موزوں شخصیت ہیں۔

دونوں مضمون آپ کے سامنے ہیں۔ ان پر اپنی بے لاگ رائے

---

[1] ساقی جوشؔ نمبر

لکھ دیجئے۔ نہ مجھے بچایئے نہ جوشؔ صاحب کو۔ جھگڑے فساد کو رفع کرنا تو کارِ خیر ہے اور اچھے کام اچھے لوگ ہی کیا کرتے ہیں۔ لہٰذا فرصت نکال کر محاکمہ لکھ ڈالئے۔

(مورخہ یکم جون ۱۹۶۳ء)

جوشؔ صاحب پر محاکمہ لکھنے کے سلسلے میں شاہد صاحب نے طفیل صاحب پر ہر طرح کا دباؤ ڈالا اور یہ کوشش کی کہ طفیل صاحب کے قلم سے بھی کچھ نکل جائے مگر ان کی یہ کوشش بے سود رہی۔ وہ لکھتے ہیں:

"اندازہ یہ ہوا کہ آپ محاکمہ لکھنا نہیں چاہتے۔ میری خواہش تو یہ تھی کہ آپ جوشؔ نمبر کے لئے محاکمہ لکھ کر اس سلسلے کو ختم کر دینے کی تاکید کرتے۔ آپ کا جی یہ نہیں چاہا تو خیر۔ جو مزاجِ یار میں آتے۔"[2]

(مورخہ ۱۷؍ جون ۱۹۶۳ء)

شاہد صاحب اور طفیل صاحب کے درمیان خط و کتابت کا سلسلہ جاری تھا کہ اسی اثنا میں طفیل صاحب نے جوشؔ صاحب کو ایک خط لکھا جس کی تحریر یہ ہے:

"شاہد احمد دہلوی سے میری کوئی دو مہینہ سے خط و کتابت چل رہی ہے۔ میں نے انھیں بڑا سمجھایا کہ وہ جوشؔ نمبر نہ نکالیں مگر وہ نہ مانے۔ اس کے ساتھ ان کا یہ ارشاد بھی رہا کہ میں آپ کے اور ان کے مضمون پر محاکمہ لکھوں مگر میں نے اپنے آپ کو اس کا اہل نہ پایا لہٰذا ٹال دیا اور کیا کرتا۔ ویسے آپ یہ تو بتائیں کہ اس سلسلے میں آپ کا موقف کیا ہے؟"[3]

(مورخہ ۲۰؍ جون ۱۹۶۳ء)

اس خط کے جواب میں جوشؔ صاحب لکھتے ہیں:

---

[1] ساقی جوش نمبر۔ [2] ایضاً [3] ایضاً

"آپ کے خط کا جواب صرف اتنا ہی ہو سکتا ہے کہ میں شاہد میاں سے کوئی کینہ نہیں رکھتا اور میرا خیال ہے کہ وہ جو کچھ میرے خلاف ہنگامہ کر رہے ہیں اس میں ان کا کوئی قصور نہیں بلکہ جبر حالات نے یہ صورت پیدا کر دی ہے اور ظاہر ہے کہ مجبور پر غصہ نہیں ترس آتا ہے۔

شاہد صاحب جو چاہیں لکھیں میں کوئی جواب نہیں دینے کا۔ میں تو ان لوگوں میں سے ہوں جن میں عناد و فساد کی صلاحیت ہی نہیں ہوتی اور جو اپنے بدترین دشمنوں کو بھی بآسانی معاف کر دیا کرتے ہیں"[1]

(مورخہ یکم جولائی ۱۹۶۳ء)

جوشؔ صاحب کے اس خط کو پڑھ کر طفیل صاحب کو مصالحت کرانے کے لئے کچھ امید ہوئی اور انھوں نے شاہد صاحب کو یہ تحریر کیا:

"آخر میں مَیں آپ سے پھر یہی کہتا ہوں جو ہوا سو ہوا۔ مٹی ڈالیے اس پر۔ آئیے میں آپ کو جوشؔ صاحب کے گلے ملواؤں سینہ سے سینہ ملے گا تو کدورتیں دور ہوں گی۔

جوشؔ صاحب کو بھی اس کا اقرار ہے کہ میں میری طرح کے سارے انسان کوتاہیوں اور لغزشوں سے مبرّا نہیں۔ پھر جوشؔ صاحب نے اپنی پارسائی کا دعویٰ کبھی بھی نہیں کیا۔ یہ کوئی ولی یا پیغمبر تھوڑی ہیں جو معصوم ہوں خطاؤں سے پاک ہوں اور آپ ہی کی طرح انسان ہیں۔ جو ہر قدم پر ٹھوکر کھا سکتے ہیں لہٰذا چھوڑیئے اس قصہ کو ورنہ دو آدمی آپ کو بُرا کہیں گے اور دس آدمی جوشؔ صاحب کو بُرا جانیں گے۔ فائدہ کچھ نہ ہوگا۔ بلا وجہ تھڑی تھڑی ہو گی۔[2]

(مورخہ ۱۲ر جولائی ۱۹۶۳ء)

---

[1] ساقی جوش نمبر [2] ایضاً

خاکہ نگاری، اُسلوب نگارش اور ادب میں مقام

مختصر افسانوں کی طرح خاکہ نگاری بھی ادب کی ایک مقبول صنف ہے ۔اس صنف میں جن لوگوں نے اچھے اور کامیاب خاکے لکھے ہیں ان میں شاہد صاحب کا نام سرفہرست ہے ۔ خواجہ حسن نظامی، مرزا عظیم بیگ چغتائی، بے خود دہلوی، میر ناصر نذیر فراق اور جوش ملیح آبادی کے علاوہ جگر مراد آبادی ان کے بہترین خاکوں میں شمار کئے جاتے ہیں ۔

شاہد صاحب اپنا منفرد لب ولہجہ اور اچھوتا طرز بیان رکھتے ہیں ۔ ان کی زبان دلی کی ٹکسالی اور با محاورہ زبان ہے ۔ وہ واقعات کو اس طرح ترتیب دیتے ہیں کہ اس کا تاثر تا دیر قائم رہے ۔ ان کے خاکوں کا ایک وصف جو اردو میں خال خال نظر آتا ہے وہ یہ ہے کہ وہ انسان کو فرشتہ نہیں بلکہ اسی دھرتی کا انسان سمجھتے ہیں جس سے لغزشیں بھی ہو سکتی ہیں ۔ اسکی ان کمزوریوں کو وہ اتنی ہی اہمیت دیتے ہیں جتنی اس کی خوبیاں اور اچھائیاں ہیں ۔ یہی وجہ ہے کہ انکے خاکوں میں ایک طرح کی بے تکلفی اور برجستگی پیدا ہو گئی ہے ۔ ان کے خاکوں کو پڑھئے تو ان کی بنائی ہوئی تصویر سے پیار آنے لگتا ہے۔

شاہد صاحب کے خاکوں کی اثر آفرینی، دلکشی اور مقبولیت کا راز ان کے انداز بیان اور طرز ادا میں مضمر ہے ۔ ان کی تحریر جدید نثر کے جملہ فنی تقاضوں سے مالا مال ہے ۔ ان کی عبارت اتنی سادہ ہے کہ اس میں نہ تو انگریزی کا بکثرت

استعمال ہے اور نہ ہی فارسی وعربی کے الفاظ کی شان وشوکت اور گھنگرج ہے۔ وہ محاوروں کا استعمال، روزمرہ کا مناسب اور برمحل تصرف اس طرح کرتے ہیں کہ ہر لفظ جیتا جاگتا اور ذی روح نظر آتا ہے۔ غالب کے خطوط کی طرح ایسا لگتا ہے کہ وہ کسی سے باتیں کر رہے ہیں اور آپ ہی آپ مزے لے رہے ہیں۔

عام فہم زبان اور مروجہ محاوروں کو برتنے کا سلیقہ شاہد صاحب کو وراثت میں ملا تھا اس لئے ان کی نثر میں دلی اسکول کا وہ تمام بانکپن موجود ہے جو ہمیں الگ الگ غالب، ڈپٹی نذیر احمد اور محمد حسین آزاد کے یہاں دکھائی دیتا ہے۔ آزاد کی نثر استعارات کا گلدستہ ہے۔ وہ ایک ہی بات کو کئی کئی بار استعاروں کے خوبصورت اور دلکش پیرایہ میں بیان کرتے ہیں جس کی وجہ سے ان کی عبارت رنگین اور زور تخیل سے شگفتہ ہو جاتی ہے۔

نذیر احمد استعاروں میں بات کہنے پر یقین نہیں رکھتے۔ وہ اپنی تحریر کو تصنع سے پاک رکھنے کے لئے روزمرہ اور محاورات کا بکثرت استعمال کرتے ہیں۔ انکی نثر صاف، وسادہ اور طرز بیان رواں اور بے ساختہ ہے۔ شاہد احمد محمد حسین آزاد اور ڈپٹی نذیر احمد کے اسالیب کا امتزاج ہیں۔ ان کے یہاں نہ تو استعاروں کی کثرت ہے اور نہ محاوروں کی بہتات۔ ان کی عبارت میں ویسی شوخی نہیں جو آزاد کے یہاں نظر آتی ہے۔ ظرافت اور شوخی ان کی فطرت میں ضرور داخل تھی لیکن وہ آزاد اور نذیر احمد سے کچھ مختلف تھی۔

شاہد صاحب کی نثر استعارے، محاورے، روزمرہ، دلی کی رچی بسی ٹکسالی زبان، مزاج کی سنجیدگی اور شگفتگی کے دھارے میں بہہ کر نیا لب ولہجہ اختیار کرتی ہے۔ محاورے ان کے یہاں ایسے ٹھسّے اور ٹھاٹ باٹ سے استعمال ہوتے ہیں کہ ان کی جگہ پر کسی دوسرے محاورے کو نہیں رکھا جا سکتا۔

شاہد صاحب نذیر احمد کے ساتھ زیادہ دیر تک سفر کرتے ہیں اور نہ ہی محمد حسین آزاد کا تعاقب کرتے ہیں۔ وہ ان دونوں کا سہارا لے کر منزل تک

پہنچتے ہیں۔ انھوں نے دونوں کے مزاجوں کو اپنے خمیر میں گوندھ کر نیا مرکب تیار کیا۔ الغرض یہ کہا جا سکتا ہے کہ شاہد احمد کی نثر ان دونوں بزرگوں کی نثر کا نیا اکائی ہے۔ یہاں ثبوت کے لئے ان کی نثر کے دو چار نمونے پیش کرنا ضروری ہے مگر مشکل یہ ہے کہ ان کی نثر میں کہاں کہاں سے عبارتیں نقل کی جائیں۔ ہر لفظ اور ہر سطر اپنی آپ مثال رکھتی ہے مثلاً ڈپٹی نذیر احمد کے بارے میں یوں لکھتے ہیں:

"حیدرآباد دکن میں بڑے بڑے عہدوں پر مامور ہوئے مگر خوش کسی کو نہ کر سکے۔ اسی وجہ سے زیادہ عرصہ تک وہاں نہ رہ سکے ..... ان کے لئے "غیور جنگ" کا خطاب تجویز ہوا تھا مگر انھوں نے اسے قبول نہ کیا۔" [1]

اس عبارت میں مولوی نذیر احمد کی کمیوں کا بیان اور ان کی انانیت کا ذکر بڑی خوش اسلوبی سے کیا گیا ہے۔ اسی انداز کا ایک دوسرا نمونہ بھی دیکھئے:

"مولوی نذیر احمد بہت سخت گیر آدمی تھے اور بہت نرم دل بھی۔ مسلمانوں میں تجارت کا شوق عام کرنے کے لئے روپیہ قرض دیا کرتے اور منافع میں اپنا حصہ بھی رکھتے۔ اس شوقِ تجارت میں انھوں نے بڑے بڑے نقصان بھی اٹھائے۔" [2]

ان عبارتوں میں نذیر احمد کے سود لینے کی بات کس چابکدستی سے کہی گئی ہے میر ناصر علی کے بارے میں ان کا یہ بیان دیکھئے:

میر صاحب کو بحث مباحثہ کی عادت بالکل نہیں تھی ..... اگر اتفاق سے کہیں الجھنا ہی پڑ جاتا تو ان کے علم کے سمندر میں جوار بھاٹا آ جاتا بس پھر جب تک حریف کا بیڑا غرق نہ کر لیتے انھیں چین نہ آتا۔ عربی کی کمی کو بعض دفعہ بُری طرح محسوس کرتے تھے۔" [3]

---

[1] چند ادبی شخصیتیں ص ۱۸، [2] ایضاً ص ۲۴، [3] ایضاً ص ۳۲

متذکرہ بالا تحریر سے ان کی بے باکی اور بے تکلّفی ظاہر ہے محاورہ اور روز مرّہ کا استعمال اتنی مناسبت سے کیا گیا ہے کہ عبارت شگفتہ ہوگئی ہے اور نفسِ مضمون بھی ہاتھ سے نہیں جا دیا ہے۔

کہا جاتا ہے کہ اُردو میں خاکہ نگاری کی پیش رفت مرزا فرحت اللہ بیگ کے خاکہ " ڈپٹی نذیر احمد کی کہانی کچھ میری کچھ ان کی زبانی " سے ہوئی۔ اس کے بعد یہ سلسلہ اتنا مقبول ہوا کہ اکثر اہلِ قلم نے اس کی طرف توجہ دی۔ مولوی عبدالحق نے " چند ہمعصر" لکھ کر فن خاکہ نگاری میں ایک بیش بہا اضافہ کیا۔ رشید احمد صدیقی نے "گنجہائے گراں مایہ" لکھ کر مختلف ادبی و علمی شخصیتوں کو رُوشناس کرایا۔ اشرف صبوحی کی " دلّی کی عجیب ہستیاں " بھی اس سلسلہ کی اہم کڑی ہے۔ اسی طرح چراغ حسن حسرت نے " مردم دیدہ " اور عصمت چغتائی نے " دوزخی " لکھ کر اس فن میں اگر کچھ اضافے کیئے تو دوسری طرف شاہد صاحب نے " چند ادبی شخصیتیں " لکھ کر دلّی کے کرداروں کو جمع کیا جس میں بعض ادیبوں کے حالات و واقعات کو گمنامی سے بچایا گیا۔

شاہد صاحب دلی کے تھے اس لیئے دلی کی ہر چیز انھیں بہت عزیز تھی یہاں کے رسم و رواج، بول چال، رہن سہن، غرضیکہ زندگی کے ہر شعبے سے اچھی طرح واقف تھے۔ اس واقفیت اور دلچسپی کی بنا پر انھوں نے دلی سے متعلق بہت سے مضامین لکھے جو آج بھی دلچسپی سے پڑھے جاتے ہیں۔ 'دلّی کی بپتا'، چوک کی بہار'، دلی کی عید' اور سترہویں کی سیر' ایسے مضامین ہیں جنھیں اگر یکجا کر دیا جائے تو اہم تاریخی دستاویز بن جائیں۔

شاہد صاحب بلند پایہ ادیب، صحافی اور خاکہ نگار ہونے کے علاوہ ایک بہترین مترجم بھی تھے۔ انھوں نے متعدد افسانوں، ناولوں اور ڈراموں کے ترجمے کیئے ہیں۔ ان کے ترجمے کی بڑی خوبی یہ ہے کہ وہ اصل سے بہت قریب معلوم ہوتے ہیں۔ کہا جاتا ہے کہ وہ ترجمہ کرنے میں اس قدر ماہر تھے کہ اصل کتاب سامنے رہتی تھی۔ اور قلم روانی کے ساتھ ترجمہ کرتا چلا جاتا تھا ساتھ ہی دوستوں سے گفتگو کا سلسلہ

بھی جاری رہتا تھا۔ان کی ایک خوبی جو بہت کم مترجموں میں نظر آتی ہے وہ یہ تھی کہ وہ مسودہ میں کہیں کاٹ چھانٹ نہیں کرتے تھے اور اسی طرح کاتب کے حوالہ کر دیا کرتے تھے۔

شاہد صاحب ہمعصر ادیبوں اور شاعروں کی قبلہ گاہ تھے۔انھوں نے ساقی اور ساقی بک ڈپو کے ذریعہ نہ جانے کتنے نئے اور پرانے لکھنے والوں کو گمنامی سے نکال کر شہرت کی بلندی پر پہنچایا۔عصمت چغتائی نے ساقی سے لکھنا شروع کیا تھا۔کرشن چندر آج کرشن چندر نہ ہوتے اگر شاہد صاحب کا انہیں مالی تعاون اور سرپرستی حاصل نہ ہوتی۔میر ناصر علی، میر ناصر نذیر فراق، علامہ راشد الخیری، صادق الخیری، سرفراز حسین، مولوی عنایت اللہ، مولوی احتشام الدین، اشرف صبوحی، فضل حق قریشی، ڈاکٹر جمیل جالبی، سعادت حسن منٹو، میرا جی، راجہ مہدی علی خاں، قرۃ العین حیدر اور نہ جانے کتنے ایسے ہیں جنھوں نے 'ساقی' کی بدولت ادب میں مقام حاصل کیا اور یہ شاہد صاحب اور ساقی کی وہ خدمت ہے جسے اردو ادب کی تاریخ نظر انداز نہیں کر سکتی۔

شاہد احمد کا انتقال

تقریباً ۳۵ سال تک شاہد صاحب رسالہ ساقی اور نوک قلم کے ذریعہ اُردو زبان وادب کی بے لوث خدمت انجام دیتے رہے۔ آخر عمر میں صحت نے جواب دے دیا تھا کہ اچانک دل کا دورہ پڑا۔ ہماری زبان، نئی دلی نے ان کی علالت پر ایک مضمون اس طرح شائع کیا:

"اردو کے ممتاز صحافی انشاء پرداز" ساقی کے ایڈیٹر' شاہد احمد دہلوی پر دل کا ایک سخت دورہ پڑا جس کے بعد ان کو ایک نرسنگ ہوم میں داخل کر دیا گیا جہاں ان کی حالت تشویشناک بتائی جاتی ہے۔"[1]

معالجوں کی خصوصی توجہ نے انھیں موت کے منہ سے نکال لیا اور وہ کسی طرح بچ گئے۔ مرض سے تھوڑا افاقہ ہوا تو قلم اٹھایا اور پہلے ان لوگوں کے خطوط کا جواب دینا شروع کیا جو ان کی عیادت کے سلسلہ میں انھیں موصول ہوئے تھے۔

ڈاکٹر خلیق انجم کو اپنے ایک خط میں لکھتے ہیں:

"ہم تو اللہ میاں کے یہاں جاتے جاتے واپس آگئے۔ ۱۰ فروری کو شدید ہارٹ اٹیک ہوا۔ ۲۲ دن اسپتال میں رہا۔ گھر آنے کی اجازت اس شرط پر ملی کہ مزید تین ہفتہ کوئی کام نہ کیا جائے۔ بے حد کمزوری ہوگئی

---

[1] ہماری زبان۔ نئی دلی۔ مورخہ ۱۵ اپریل ۱۹۶۷ء

ہے۔ علاج جاری رہے گا۔"[1]

ڈاکٹر خلیق انجم کو ہی ایک دوسرے خط میں اپنی خیریت کا حال ان الفاظ میں بیان کرتے ہیں:

"کتاب ملی۔ خط ملا۔ شکریہ۔ تبصرہ جلد شائع ہوگا۔ میں اچھا ہوں۔ دوائیں اور پرہیز جاری ہیں معمولات زندگی پھر انجام دینے کے قابل ہوگیا ہوں۔"[2]

شاہد صاحب کی زندگی معمول پر آنے لگی تھی کہ ان پر دوبارہ دل کا دورہ پڑا جس سے وہ جاں بر نہ ہو سکے۔ اخبار الجمعیۃ دہلی میں ان کے انتقال کی خبر شائع ہوئی جسے ان کے استاد چاند خاں نے اپنی ڈائری میں یوں نقل کیا ہے:

"اخبار الجمعیۃ میں ۲۷ مئی ۱۹۶۷ء کی رات کو شاہد احمد دہلوی کے انتقال کا حال پڑھ کر بے حد رنج و ملال ہوا۔"[3]

"ہماری زبان" نئی دلی نے ان کے انتقال پر اپنے تاثرات کا اظہار ان الفاظ میں کیا ہے:

"یہ خبر ادبی حلقوں میں نہایت غم اور افسوس کے ساتھ سُنی جائے گی کہ اردو کے ممتاز صحافی ادیب اور انشا پرداز شاہد احمد دہلوی ایڈیٹر ماہنامہ ساقی کا حرکت قلب بند ہو جانے سے ۲۸ مئی کو کراچی میں انتقال ہوگیا۔ مرحوم کی عمر ۶۱ سال تھی ان کا شمار اردو کے ممتاز ترین ادیبوں اور صحافیوں میں ہوتا تھا۔ وہ موسیقی کے بھی بہت بڑے ماہر تھے۔ ان کا تعلق دلّی کے ممتاز خاندان سے تھا۔ مرحوم ڈپٹی نذیر احمد کے پوتے تھے۔ ادارہ ہماری زبان پسماندگان کے غم میں برابر کا

---

[1] مورخہ ۲۷ اپریل ۱۹۶۷ء۔ کتب خانہ انجمن ترقی ہندی۔ دلّی

[2] " ۱۵ مئی " " " "

[3] ذاتی ڈائری چاند خاں۔ مورخہ ۲۹ مئی ۱۹۶۷ء مطابق ۱۸ صفر ۱۳۸۷ھ

شریک ہے۔“ لے

ماہنامہ آج کل نئی دلی نے تصویر کے ساتھ ان کے انتقال پر ان خیالات کا اظہار کیا ہے:

”آخر شاہد احمد دہلوی بھی چل بسے۔ ادب کی خدمت کا ایک دور ختم ہوگیا۔ دلّی کی تہذیب کا ایک پاسدار اٹھ گیا۔ ناصر نذیر فراق اور حسن نظامی کے بعد دلّی کی ٹکسالی اور چٹخارہ دار زبان لکھنے والا اب ہم میں نہیں۔

۳۷ سال ہوئے مرحوم نے ساقی دہلی جاری کیا تھا۔ تقسیم ملک کے بعد وہ کراچی چلے گئے اور رسالہ وہیں سے نکلنے لگا۔ انھوں نے کتنے ہی نئے ادیبوں اور شاعروں کی حوصلہ افزائی کی اور انھیں ملک سے روشناس کرایا وہ موسیقی کے بہت بڑے ماہر تھے۔ شرافت کا نمونہ تھے خلق انسانی ان کی فطرت میں تھا۔ دہلی کی تہذیب اور اپنے آباء واجداد کی عزت پر مرتے تھے۔ ان پر کبھی حرف آتا تو تند مزاج بھی ہوجاتے تھے لیکن افسوس کہ وہ تند مزاجی بھی دیکھنے کو نہیں ملے گی۔

حق مغفرت کرے عجب آزاد مرد تھا۔“ ۲ے

شاہد صاحب کے انتقال پر بہت سے علمی و ادبی رسالوں نے اپنے اپنے تاثرات پیش کیے اور ادبی حلقوں میں نجانے کتنے تعزیتی جلسے ہوئے کروڑی مل کالج دلّی یونیورسٹی کے ایک تعزیتی جلسہ کی رپورٹ ”ہماری زبان“ میں اسطرح شائع ہوئی:

یہ دل سوز اور دل دوز خبر ہندو پاک کے ادبی حلقوں میں عام طور پر اور دلی میں خاص طور پر بڑے حزن و ملال کے ساتھ سنی جائے گی کہ ..... دلّی کی روشن روایت کے علمبردار شاہد احمد دہلوی کا .... کراچی

لے ہماری زبان۔ مورخہ یکم جون ۱۹۶۷ء ۲ے آج کل۔ نئی دلی۔ ستمبر ۱۹۶۷ء

میں انتقال ہوگیا۔" [1]

مذکورہ جلسے میں ڈاکٹر خلیق انجم نے اپنی صدارتی تقریر میں شاہد صاحب کی شخصیت پر روشنی ڈالی اور ان کی موت کو زبان وادب کے لئے ناقابلِ تلافی نقصان قرار دیا۔ انھوں نے شاہد صاحب کی بیوی عاصمہ بیگم کو ایک تعزیتی خط میں اس سانحہ پر اپنے رنج وغم کا اظہار کیا جس کے جواب میں عاصمہ بیگم یہ تحریر کرتی ہیں:

"آپ کے خط سے مجھے بہت ڈھارس ملی ہے۔ اسوقت یہاں میرے پاس دو کنواری لڑکیاں ہیں۔ ایک ہوم اکنامکس کی لکچرار ہے چھوٹی لڑکی نے ہوم اکنامکس میں تھرڈ ایئر (3rd year) کا امتحان دیا ہے۔ شمس زبیری ایڈیٹر نے ساقی کا کام کتابت پریس میں بھیجنا (اور) اشتہارات کا کام سنبھال لیا ہے خدا میرے ہر محسن کو جزائے خیر دے۔ خیر طلب

عاصمہ شاہد [2]

شاہد صاحب کے انتقال کی خبر پھیلتے ہی ادبی دنیا میں غم کی فضا چھا گئی۔ دوسرے دن قریب کے قبرستان میں انھیں دفن کیا گیا۔ ان کے جنازہ میں شرکت کرنے والوں کی تعداد اچھی خاصی تھی۔ اس موقع پر جہاں ان کے اعزا، احباب دوست اقارب اور شاگرد موجود تھے وہاں یہ کہا جاتا ہے کہ جوش ملیح آبادی نے بھی شرکت کی اور انھوں نے اس سانحہ ارتحال پر افسوس کرتے ہوئے یہ کہا کہ "اگرچہ شاہد نے میری تضحیک وتذلیل میں کوئی دقیقہ نہیں اٹھا رکھا تھا پھر بھی مجھے اس سے دلی محبت تھی۔" واللہ اعلم بالصواب۔

---

[1] ہماری زبان۔ مورخہ یکم جولائی ۱۹۶۷ء

[2] مورخہ ۹ر جولائی ۱۹۶۷ء۔ کتب خانہ انجمن ترقی اردو۔ دہلی۔

شاہد احمد کی تصنیفات اور تراجم

۱	سرگزشت عروس	(ناول)	۱۵	بچوں میں جذبۂ عداوت	(نفسیات)
۲	پھانسی	(〃)	۱۶	بچونکی سیکھنے کی قابلیت	(〃)
۳	دھان کا کھیت	(〃)	۱۷	بچونکی خود شناشی	(〃)
۴	گنجینۂ گوہر	(خاکے)	۱۸	بچونکی جنسی تعلیم	(〃)
۵	دلّی کی بپتا	(رپورتاژ)	۱۹	بچونکی اخلاقی قدریں	(〃)
۶	نرگس جمال	(ڈرامہ)	۲۰	بچے کے کھیل	(〃)
۷	پروین و ثریا	(〃)	۲۱	آپ کے بچے کی وراثت	(〃)
۸	عثمان بطور	(تذکرہ)	۲۲	آپ کے بچے کی صحت	(〃)
۹	انوکھی کہانیاں	(کہانی)	۲۳	انتخاب معاش	(〃)
۱۰	حیرت ناک کہانیاں	(〃)	۲۴	بچوں کے جذباتی مسائل	(〃)
۱۱	اجڑا دیار	(مضامین)	۲۵	بچونکی معاشرتی زندگی	(〃)
۱۲	کامیاب باپ	(نفسیات)	۲۶	بچونکی بدتمیزیاں	(〃)
۱۳	والدین اور معلمین	(〃)	۲۷	بچونکی دلچسپیاں	(〃)
۱۴	معاشی زندگی اور بچونکی رہنمائی	(〃)	۲۸	بچونکے خوف	(〃)

کتابیات

۱	نذیر احمد شخصیت اور کارنامے۔	ڈاکٹر اشفاق احمد اعظمی
۲	فکرو ریاض۔	علی جواد زیدی
۳	چند ادبی شخصیتیں۔	شاہد احمد دہلوی
۴	گنجینۂ گوہر۔	" " "
۵	حسن معاشرت۔	مولوی بشیر الدّین احمد
۶	انتخاب ماہ نو۔	ادارۂ مطبوعات پاکستان
۷	ہندوستان میں مسلمانوں کا نظم تعلیم و تربیت۔	مناظر احمد گیلانی

ذاتی ڈائریاں :

مولوی بشیر الدّین احمد۔	مملوکہ جناب مسلم احمد دہلوی
استاد چاند خاں۔	مملوکہ جناب اقبال احمد خاں جانشین چاند خاں۔ سوئیوالان دہلی

رسائل واخبارات

۱	نقوش آپ بیتی نمبر۔ لاہور	۵	ساقی۔ متفرقات۔ دہلی
۲	نقوش شخصیات نمبر "	۶	ماہنامہ آجکل۔ "
۳	ساقی۔ جوش نمبر۔ کراچی	۷	روزنامہ الجمیعۃ "
۴	ساقی۔ ناصر نذیر فراق نمبر۔ دہلی	۸	پندرہ روزہ "ہماری زبان" نئی دلّی

بچوں کے لیے ایک دلچسپ سوانحی کہانی

سردار جعفری

مصنفہ : رفیعہ شبنم عابدی

بین الاقوامی ایڈیشن منظر عام پر آچکا ہے